创课，让学生更精彩

孙建锋 著

山西出版传媒集团 山西教育出版社

图书在版编目（CIP）数据

创课，让学生更精彩 / 孙建锋著. — 太原 ：山西教育出版社，2020.4
ISBN 978-7-5703-0962-7

Ⅰ. ①创… Ⅱ. ①孙… Ⅲ. ①小学语文课—教学研究 Ⅳ. ①G623.202

中国版本图书馆 CIP 数据核字（2020）第 047785 号

创课，让学生更精彩
CHUANGKE，RANG XUESHENG GENG JINGCAI

责任编辑 樊丽娜
复　　审 刘晓露
终　　审 郭志强
装帧设计 陈　晓
印装监制 蔡　洁

出版发行 山西出版传媒集团 · 山西教育出版社
（太原市水西门街馒头巷 7 号　电话：0351-4729801　邮编：030002）
印　　装 山西新华印业有限公司
开　　本 720 mm×1020 mm　1/16
印　　张 14.5
字　　数 230 千字
版　　次 2020 年 4 月第 1 版　2020 年 4 月山西第 1 次印刷
书　　号 ISBN 978-7-5703-0962-7
印　　数 1—30 000 册
定　　价 46.00 元

自　序

春风十里，不如创课的你

日前，朋友“微”我：“看到江苏师范大学杨现民教授在2016年《远程教育杂志》发表的《建设创客课程：‘创课’的内涵、特征及设计框架》一文中称你是创课的‘首提’。”“文献搜索发现，2014年，国内开始出现有关‘创课’的文章和报道。孙建锋在题为《创课·创客》的文章中首次提出了‘创课’概念，随后，又在《中国教师报》发表了题为《有一种课叫“创课”》的文章。在他看来，创课的核心是将一种新的教学想法转化为教学现实，创课是一项‘综合创新工程’，包括创思想、创教材、创设计、创教学、创反思、创发表，六创一体，一体六创。”

“为什么要创课？”朋友有些好奇。

“答案很长，”当梁思成问林徽因为什么选择与他结婚时，林徽因对梁思成说，“我得用一生去回答你，准备好听我了吗？”

有句话叫“现象即规律”，进一步释义就是，没有偶然，只有必然，所有的单个事件都是大势所趋下的必然。创课亦然。

创课是教师人性的必然，是一种“能动的创造性教学活动”，呈现着教师人性的面貌。

在德国哲学家卡西尔看来，人并没有什么与生俱来的抽象本质，也没有什么一成不变的永恒人性；人的本质是永远处在制作之中的，它只存在于人不断创造文化的辛勤劳作之中。因此，人性并不是一种实体性的东西，而是人自我塑造的一种过程：真正的人性无非就是人的无限的创造性活动。换言之，人的劳作怎样，人的本质也就怎样；人的创造性活动如何，人性的面貌也就如何。无疑，教师人性的面貌是以“能动的创造性教学活动”为媒介得以实现的。如果说“教师人性的面貌”是液态的，它遇到的最好容器就是创课。创课就是归属，当一个教师有所创课的时候，“教师人性的面貌”就归属创课。创课，呈现着“教师人性的面貌”。

创课是教师生命的必然，是一种“一再更新变化的创造性教学活动”，提升着教师人生的境界。

“所有幻想型躁狂症患者，躁狂情绪高涨时，都始终坚定不移地认为只要把花全部掐死，人们就不知道春天的到来!”一元化的教学模式恰似“幻想型躁狂症患者”，它企图通过模式化的方法把自身之外的“教法之花”全部掐死，这样它就成为唯一的“绝对正确”，也就实现了高度的“一致性”。爱默生说，一致性是心胸狭隘者的魔障。试想，亚里士多德绝对正确吗？哥白尼绝对正确吗？牛顿绝对正确吗？达尔文绝对正确吗？弗洛伊德绝对正确吗？爱因斯坦绝对正确吗？没有人绝对正确，一切都是那么的不确定，或者说只是处于动态的确定性而已。

真正的创课处于动态的生命状态之中，是教师生命的必然，它不会“就此活着”，也不会通过一次“正确的”创造教学活动一蹴而就，自满于“活着”的状态。它需要延绵中实现一再的更新化的创造教学活动，正是通过“一再更新变化的”不停逾越，才能有所创新。只有创新，才能使生命克服原先的欠缺，不断地弥补其生存中所感受的“不满”，填补其部分的“空虚”，也补偿其消耗的部分，同时不断地进行自我修饰和自我美化，逾越原有的界限而达到新的生命境界，从而在教学的另一个层次实现均衡，使得教学的一切上升或者坠落或者旋转或者静止或者整合或者破碎都有一个优雅的终点。

创课是教师个性的必然，是一种真正的“乐观主义”，解放着教师的个性。

创课在任何时代都不是为“过去”与“现在”代言，而是对未来构想。放下，才能看见未来，而遇见未来最好的方式就是创造未来。创造未来是创课的使命。肩负着这种使命，纵使遭遇各种各样的困难，创课依然与众不同，不唯“应试”马首是瞻，不做“教育雾霾”的制造者，更多地呈现教学的多样性、丰富性、开放性和可爱性，个性满满地信守“异”的观念，否定固化教学的内部，对确信与迷信持否定态度。在创课看来，真正的诗人是没有故乡的，自由是他唯一的栖息地；真正的教学是没有雷池的，创课是他唯一的精神家园。创课是教师个性的必然，它不扭曲以迎合权威，不从俗以谄媚大众，不受既定形式和观念的束缚，无意创新而创新，无意超越而超越，无意为典范而终将成为典范，尽管后世百年千年难有嗣音，“任性”依然。因为教学领域很多事情都是不可确定的，都是有偶然性的，所以我们有机会去改变。创课的这种乐观主义是真正的“乐观主义”。创课信仰陀思妥耶夫斯基在《卡拉马佐夫兄弟》中的一句话：“无论事业多么伟大，只要引起孩子的一滴眼泪，那么我就不做。”同理，无论标榜多么高尚的事，只要教师创造个性的“异”被压制，那么我们就要斗争到底，解放到底。真正的解放正是教师创造个性的解放，是解放教师自己，是要从形形色色的已经习以为常的教学桎梏与压迫中解放出来，这也是最艰难、最根本的解放，这样的解放不但需要勇气，而且要依靠理性。而这种解放的可能条件，归根结底是要尊重创造个性的“异”。也就是说，教师每个人和每个人的个性都不一样，每个人的过去和现在也是不一样的。尊重教师个性就是尊重教师创造个性的相异，真正的自由就是反抗任何压制教师创造个性差异的权力，追求从这些权力中解放出来的自由。这种自由就是教师创课个性的自由。

朋友又问：“习作教学怎样创课？”

习作教学创课，首先是“介入”。

直到有次看到外科医生手术，我才晓得，最好的治疗行动，就是“介入”。写作，不就是对教育沉睡思想的“顽疾”进行深度的介入？因为思想的钳制造就了语言的饥荒，语言的饥荒也恶化了思想的贫困。我们要有思想，有自己的思想，有自己思想的思想，所以，就这个意义而言，所有尽心、尽力、尽兴、尽意怀揣着思想写作的教师，都是教育医生，或者说是教育诊断医生，他们在用“走尽天涯、洗尽铅华、拣尽寒枝、歌尽桃花”的思想写作来切割某样东西，并把“真相”置于光天化日之下……当然，“漏声有尽，言有穷而意无尽”，我们不可能一刀根治所有问题，要以极度的冷静、深刻的思辨、长远的眼光、宏大的器识、不舍的精神，对准问题，每天“介入”一点，每天写一点，宛若静水流深，轻微，看不见，但它确实是在流动，甚至因回旋的空间大，往往会有出乎意料的流向，带着某种神秘性及不可掌控性。

习作教学创课，其次是“建构”。

上课和创课对课的看法是不一样的，上课是看课面上的东西，创课是看课背后的东西。在创课看来，真正的好课，都向证伪敞开，而不是给你一个一劳永逸的模式让你枕着它睡大觉。振聋发聩的模式，我一向觉得可疑。在习作教学创课看来，写作，是对自己的判断，具有一个神圣的维度。它建立在孩子自身之上，与孩子的心相容，不是为了说出什么，展示什么，或者教会什么，而是在哪里存在。这种存在，是你给予自己的一系列许可证，让自己以某种方式表达，寻找你自己内心的自由；这种存在，“只要看它一眼，你就长出了一条腿或者一对翅膀”；这种存在，从哲学意义上来说，写作就是比自己更高明的语言存在的纪念碑。如是省察，就不会自行跌落“为术是教”的功利陷阱，至少会对那种“小教教法”产生一种近乎道德的怀疑。譬如，习作教学，务必教授写作方法、植入写作技巧，这是不少人的意见。德国哲学家伽达默尔说：“所有的意见都是偏见。”这种偏见是一种此在。这种此在肇始于理解。理解是此在的原始存在方式。海德格尔把人的理解描述为一种建立在“先行具有”“先行见到”“先行把握”基础之上的“先在结构”。不解构诸如今天的“小教教法”之类的所谓习作教学的“先在结构”，它就成了明天掣肘习作教学创新的“先在结构”。基于此，习作教学创课，正在解构今天的“先在结构”，同时建构明天的“先在结构”。它不仅研究文本，还要不断研究人本。只有不断研究人本，习作教学创课艺术才会选择天空，决不跪在地上，才会渐渐逼近个性的艺术，创造的艺术，人的艺术。当然，如果人类思维仅仅只是地球上存在思维的一种，仅仅只是把习作教学创课艺术定义局限在人类，在进化中并无益处。我们需要在理解习作教学创课艺术“可能的思维空间”时，尽可能走出人类中心的局限。

习作教学创课，再次是“认同”。

认同每个孩子的表达视域，意味着包容每个孩子从某个立足点出发所能看到与表达的一切，屏蔽每个孩子在成人意志下的“起舞”。无论什么目的都不要影响孩子“我手写我心”的生命丰美，试图从外部挤压进去的所谓“写作方法”与“写作技巧”，都是游离于孩子内在表达视域之外的“方法与技巧”。这些恣意栽植的“方法与技巧”，一如佩戴的假发与种植的义齿，表象虽可乱真，实则毫无生命力可言。

习作教学创课，核心是“创新”。

人有三个心理区——舒适区、学习区与发展区。舒适区是熟悉的，得心应手的区域；学习区是很少接触，甚至没有涉足的，充满新鲜感的区域；发展区，是需要跳一跳才能摘到桃子的区域，在这个区域，人会感到忧虑和恐慌。人的成长是在逃离舒适区，进入学习区和发展区，形成新的舒适区，并在这样的循环往复中螺旋上升的。故此，成长与舒适，不可共存。

其实，每个教师都有一个属于自己的舒适区。舒适区里有熟悉的教学环境，熟悉的教材、教法，在这个安全区里呼风唤雨、如鱼得水，教师往往喜欢待在舒适区，由于畏惧失败和改变，无法容忍、接纳和欣赏具有反叛、挑战、怀疑和否定精神的创新，不喜欢到学习区和发展区“漫游”。殊不知，越界越多，能量越大。唯有踏出舒适区，才有未来。未来尽管不确定，但有无限的可能性。所有的历史经验都证实一点，除非一个人试图抵达“不可能的世界”，否则他将无法实现“可能的世界”。创课所坚守的，正是这种在“不可能”面前不断开拓“可能”的勇气，并带着这种“勇气”上路，内持定见，六辔在手，迈出习作教学的舒适区，踏进习作教学的学习区与发展区，锐意进取、不断创新。

创新的困难在哪里？在于不知道观念赤贫才是最大的危机，在于不知道自己不知道应该拆除自己观念里的老看法。凯恩斯有句话说得在理——“困难并不在于提出新看法，而在于拆除老看法”。应试教育下千课一面的习作教学“看法”之所以老，并不是因为它是“最不坏”的“公平竞争”的由头已久，而是因为它在不断重复自身的时候并没有让鲜活的生命重新焕发出应有的生命活力！什么样的习作教学能够焕发出学生习作的生命活力？创课！创课，对任何尝试复活过去的教学丝毫没有兴趣，那是因为它是死的。但是，有了这个死亡，人人都有平等创课的机会：自由述说那些绝对宁静的教学，用完全“解剖的方式”创课。当然，创课的完成时，即进行时，创课之死，创课即生，一如德勒兹《千高原》中所述的无器官的身体，这样的身体，既可以在任何点结域，也可以在任何点解域。

习作教学创课，高标是“艺术”。

习作教学创课艺术是在自我与他者不断的交往中、在半途不可错过的美景中、在无法抽离的群体中慢慢锤炼的，它意味着创课是教师生命自身的自我创造、自我展现和自我实现的过程。每位创课教师，首先只有真正把握自身生命的脉动频率，只有掌握自身生命内在要求之精华，认出创意风暴且激动如大海，才有可能创造出富有生命力的教学艺术作品。

教学艺术作品最能生动地表现出教师本人的生命特征——教师有什么样的生命状态和生活风格，就会创造出什么样的教学艺术作品。只有当习作教学创课教师真切地感受到自身生命的快乐、痛苦和追求理想的时候，只有明确“写作旨在指定、展现、显露自身之外的某种东西，那种东西没有写作就会保持隐匿，至少是不可见的”价值取向的时候，才能创造出真正符合其自身品位与养成学生健全人格的习作教学艺术作品。一个对生命无所感受、无所体验和无所忧虑的教师，不是真正的教师，也不可能创造出优秀的富有生命力的教学艺术作品。

习作教学创课，关键是“原创”。

较之“从0到1”的习作教学创课，“从1到N”的习作教学仿课价值不大。这正如马塞尔·杜尚的成名作，虽然不过是在《蒙娜丽莎》的画作上，为她画上了山羊胡子，在下面写上“她的屁股热烘烘”，但这是原创。如果第二个人，在凡·高的自画像上补上一只假耳朵，给米开朗琪罗的大卫像粘上腿毛——这看上去很杜尚，可是这样的模仿不仅毫无天分，而且毫无价值。

朋友继续问：“我可以与你的创课不一样吗？”

“假定除了一人外的全体人类都持有同一意见，而仅仅一人持有相反的意见，这时，人类要使那一人沉默并不比那一人要使人类沉默更可视为正当。”英国哲学家穆勒在建造什么呢？很简单，如果套用到习作教学创课上，就是启示我们：任何人的教学只要学生喜欢而又切实有效，都可以独树一帜并且成为跳出全体的那个“仅仅一人”……

朋友追问：“‘仅仅一人’可以创课吗？”

在有了指南针和大帆船的时代，是当哥伦布还是摆渡船长？哥伦布发现新大陆是偶然，但是摆渡船长一定发现不了美洲。哥伦布只有一个，教海探航，创课的哥伦布却不止一个。

尼采说过：“谁也不能为你建造一座你必须踏着它渡过生命之河的桥，除你自己之外没有人能这么做。……世上有一条唯一的路，除你之外无人能走。它通往何方？不要问，走便是了。”即便一个人也能走成一支队伍，对着自己的习作教学，对着自己的头脑，对着自己的灵魂招兵买马，不气馁，有使命，敢担当，爱创造——不断地“寻找和探听自己”，不断地成为“认识自己”的创课贯彻执行者和完善者。请相信：你做的越多，你能做到的就越多。

千年前，杜牧说：“春风十里扬州路，卷上珠帘总不如。”说的是整个扬州城的姑娘都不如你漂亮。千年后，我说：“春水初生，春林初盛，春风十里，不如创课的你。”说的是打开所有的眼耳鼻舌身意，走过十里林水，纵使所有早春的美好加在一起，还是不如创课的你。

最美时没遇见创课的你，遇见创课的你成了最美的自己。因相遇，而相知；因相知，而相惜。来年春天还不知道有没有如此好树、好春光、好姑娘，今年春天来了，大地正使它一点点地完成。风一吹，就相爱；花一开，就相吻。相吻，世界就会诞生！

目录

第一章

主张

创课，不妨从改变一点点开始

在平淡的教学日里，每天创造一点美、一点好、一点喜爱……“一点”“一点”引领学生从平俗的教学世界中走脱出来，走向崇高的人生境界。

——题记

往灰色地带看教育总觉得朦胧一片，很难改变；向绿色原野看教育总觉得生态一片，正在改变。改天换地，不可能一蹴而就；改变一点点，却可立竿见影。

黑手套白手套

课始，乐起。蹊跷的是不见执教老师。正纳闷，倏地瞥见钢琴上方，和着节拍，轻盈浮现一只戴着白手套的左手，友好地向每个孩子摆了摆，接着出现一只戴着黑手套的右手，亲切地向每个孩子挥了挥，随之，“黑手套”“白手套”轻轻拍了拍，轻轻握了握……

乐终，“黑手套”“白手套”消失，蹲在钢琴下方的音乐老师起身，微笑着说：“一年级的小朋友上午好！今天我们一起学习一支很好听的歌——《左手和右手》。”

“耶——”孩子们欢呼雀跃。

一入课，“黑手套”“白手套”就吸引了孩子们的眼球，令他们欢呼雀跃。为什么？原因很简单，老师的教学设计改变了一点点——平常的左手和右手，戴上了白手套和黑手套就不平常了。黑白的色彩反差，使得左右手被聚焦，被特写，被放大，被亮化。这时老师相机出示《左手和右手》，自然而然点燃了孩子们的激情，激情满怀的孩子们对歌曲的学习充满了期待。

课后，我饶有兴趣地问刚从业两年的执教老师："何以想到这一创意?"

"早上急匆匆赶着上班，到了办公室同事一笑我才发现，左手一只白手套，右手一只黑手套。当时，我也会心一笑：呵呵！何不'将错就错'？于是，就诞生了这个创意!"

"改变一点点，竟是'踏破铁鞋无觅处，得来全不费工夫'!"我笑了。执教老师也笑了。

互相喂食樱桃

上课铃响，一堂五年级的作文课开始了。

"这是我早上刚从超市买来的。"执教老师把一捧鲜红的樱桃放在讲台一张洁净的白纸上，说道："喜欢吃的同学请到台上来取。"

四位馋嘴的同学争先恐后跑到讲台，正欲伸手。

"且慢!"老师说，"想吃到樱桃要有个前提条件，请把塑料管套在自己的两只胳膊上!"

八只套上长长塑料管的胳膊变得无法弯曲，同学们用露出的手拿起樱桃。

"下面的同学只准观察，不准上前帮忙!"老师说，"请品尝樱桃吧"。

四位同学无论怎样努力，始终难以把自己手中的樱桃放到自己的口中。这时，一位同学突然伸长胳膊把自己手里的樱桃喂给另一个同学吃，顿时，其余的三位也都把手伸向对方的嘴"喂食"。这样，四个人都品尝到了酸甜可口的樱桃。

课后，我问这位执教了十五年的老师，为什么要这样设计?

他说，他的设计改变了一点点——对于本次习作"怎样理解合作"，由以前的空口说教变为亲身体验，让学生通过体验自悟：不合作，大家都吃不到樱桃；合作，大家都能吃到樱桃。这样，学生对合作的理解就不再是抽象的教条，而是一种融到血里的体认。自然下笔从文也就会真实生动，血肉丰满了。

学生题写校名

学期初，随访一所当地新落成不久的小学校。走近学校，学校校名的字体一下子吸引了我的目光。

“如此稚气朴素，散发着童真童味的字体，出自哪位大家？”我好奇地问校长。

校长朗笑回答：“这是我们学校一个一年级的六岁孩子写的。”

作为一位行走校园多年的教育工作者，我曾看过不少学校的校名，大多邀请一些有名望的人题写。请一个乳臭未干的孩子题写校名，却很鲜见。我暗自思忖，如果我是这所学校的校长，敢冒天下之大不韪吗？心里的“大我”回答：如果认同校园是孩子的家园，孩子在自家门口写字有什么不可？

这位工作了二十多年的校长一反找名人题写校名的常态，请孩子题写校名，看似一点点小改变，实则是让教育回归孩子的大改变。

毕加索说：“我在十几岁的时候就能画得像达·芬奇一样好，而我花了几十年的时间才能画得像孩子一样。”“画得像孩子一样”就是追求一种回归于纤尘不染的生命源头的本真艺术。

纤尘不染生命源头的本真教育艺术是什么？不就是通过让“孩子题写校名”，让教育回归孩子，让校园回归孩子生命本初的白云明月之性、高山流水之性的家园？回归孩子生命自由幸福成长的家园？

如果说 1 代表原地踏步，$1^{365}=1$，那么一年以后 1 还是那个 1。

如果说 0.01 代表每天改变一点点，$1.01^{365}=37.8$，那么一年以后，结果远远大于 1。

如果怀揣教育的梦每天改变一点点，人人改变一点点，还有什么样曼妙丰赡的教育愿景不能达到？

创课，与其说是从改变一点点教学之“形”开始，不如说是从改变一点点教学之“思”开始。创课之“思”是把特殊的“身体之思”“情怀之思”“历史之思”以及“生命之思”交错运行起来的创作过程。这种特殊的“思”，是在创课过程中采用超越主体和客体的方式，不受任何既定教法和程序的束缚与桎梏，单凭创作欲望和情欲的自我展现，在身与心、情与爱的多元审美中，把巧思妙悟与心灵对话创造性地统一起来，使得教学的许多美好想象与期许，朝着思想设定的创造方向迈进，引导学生从平俗的教学世界中走脱出来，走向崇高的人生境界。

创课，创造“自我”教学人生

创造，意味着一种叛逆和逾越。只有叛逆和逾越，才能有所创造；只有创造，才能彻底叛逆，并使自身逾越原有的界限而达到新的生命境界，实现“自我”教学人生。

——题记

创课的“本质”

上课就上课，创什么课?！或许有人会说，创课是逐潮、卖萌、赶时髦。创课既不是逐潮、卖萌，也不是赶时髦，而是选择一种教学生命模式。

教学生命是一连串的选择，我们可以选择墨守成规，也可以选择前卫创课。创课如何，教师人性的面貌也就如何。在法国哲学家拉维尔看来，“自我”只有在随时随地处于主动创造的状态中，才能存在和维持其地位。对教师“自我”而言，这种主动创造的状态则意味着创课。创课，不啻是习作教学创课，所有教学创课都意味着一种首创精神、实践精神以及与他人分享和交流的价值观；都走出了纯意识的框架，到主体意识之外，沿着教学语言游戏的逻辑，任凭语言运用的运作轨迹冲破一切约束和规范，进行自由自在的创造。创造，意味着一种叛逆和逾越。只有叛逆和逾越，才能有所创造；只有创造，才能彻底叛逆，并使自身逾越原有的界限而达到新的生命境界，实现“自我”教学人生。

创课，最难的不是技能技法，而是重构思维方式——包括对自己教学理念的颠覆以及对未来的重拾与定位、运筹与规划。

有人说，我们上课的套路已经驾轻就熟了，“动作定型”了，还能创课吗？人也许无法超脱自己的年代和教育，尤其是随着年龄的增长，固化了自己的行为和态度。有一次我在机场排队过安检，机场起先开了 5 个窗口，每个窗口排了 20 多个人。突然增开了第 6 个窗口，我发现瞬间转移的都是原来排在各队队尾的人。所以，“行业精英们”总是不愿意先改变的，他们总是在行内混得最舒服的，改变成本最大的。但是，“排队理论”启示我们：无论你情不情愿，创新都当仁不让地从“边缘”开始了，每一次“重启”都有成为排头兵的可能。不是吗？不少人也想立马站到“第 6 个窗口”去创课，那必先了解创课的本质。

创课的本质是什么？概言之，找到“紫牛”。

“紫牛”是赛斯·高汀在《紫牛》一书中的妙喻：“如果你去北欧，看到许多巨大的白花奶牛你会觉得很新奇，但当车子在山上穿行几个小时之后，看到漫山遍野都是巨大的白花奶牛，你就会审美疲劳恹恹欲睡了。如果这时在那漫山遍野的牛群当中出现了一头紫色的牛，那肯定会让你一下子惊醒并且牢记一辈子。”

“紫牛”隐喻着独特性。除了独特性，“紫牛”还有极简目标和全力以赴的特点。极简目标是什么？如果一个目标用一句话甚至是一个词不能描述清楚的话，这个目标就必须重新思考。创课的极简目标可以用两个字概括——“创人”。全力以赴，则意味着找到“创人”这个极简的切入点后，就要毫不犹豫、全力以赴地去创课。

创课的“环链”

创课的核心就是把一种新的教学想法化为教学现实，即创课 = 想法 + 做法。创课有别仿课，前者是从 0 到 1，后者是从 1 到 N。

从 1 到 N，意味着克隆，教课十年，只是把同一教案抄写十遍，把同一教学流程“滚播”十年，末了只有量的徒增；而从 0 到 1 则是创新课，课课有新思想萌生，天天有新教法生成，人人有新智慧增值，结果自然形成质的飞跃。

创课可以有多种形式，创设新理念，开发新教材，设计新教法，组织新教学，开展新评价，撰写新反思……不一而足。在我看来，创课是个“综合创新工程”。一般而言，它有“六创”——创想法、创教材、创设计、创教学、创反思、创发表。“六创”合一形成完整“环链”。如果把第一个“创想法”视作运筹帷幄，那么后五创“创做法”就是决战千里。“创想法”实现于“创做法”，“创做法”验证着“创想法”。六创“环链”，既相对独立，又相互回环、相互印证。

六创“环链”，在创课实践中，可以因师而异、因生制宜，不可一概而论，不宜一刀切。但无论从哪个环节切入，都要规避头重脚轻的现象，即“创想法” < “创做法”——躺在床上想入非非的梦幻者 < 下到地里身体力行的耕作者。

李敖在说“善”时，已经道破了这种重想法轻行动的积习流弊。他说仅仅心存善念还不行，善必须实践，必须把钱掏出来、把血输出来、把弱小扶起来、把坏蛋打倒在地，才叫善；反过来说，“想”掏钱、“准备”输血、“计划”抑强扶弱，都不叫作善。……17 世纪的西方哲人，就看出这点，所以他们点破“善意铺成了到地狱之路”。这就是说，有善意而无善行，照样下地狱，阎王爷可不认可光说不练。

育人，善莫大焉。“善念”一尺，不如“善行”一寸。

创课的“建议”

一、创想法

每个人都可创想法。

我们每个人都有独一无二的 DNA、指纹等。我们的思维也跟我们的生理特征一样，各不相同，五花八门。我们的创造性想法来源于一个大熔炉——集我们的想象力，过往经历，与他人和他们创造性作品的接触，文化培养和教育、兴趣以及直觉感受于一体的大熔炉。

所以，创想法人人能行，个个可为。纵使你有一千个想法要创，一万个想法要创，但万“创”不离其宗。这个“宗”是什么呢？

小香玉在《开讲啦》中谈从艺值得玩味——

艺校毕业后，奶奶常香玉和爷爷陈宪章以及时任市委书记，一起去看她出演的第一场戏——《拷红》。她想，奶奶会不会给她带礼物？是穿金穿银的昂贵戏装，还是价值好几十万的点翠头饰？她非常期待。唱完以后，奶奶上台了，笑着拿着《拷红》中拷打红娘的板子就过来了，“啪啪”特别使劲打了两板子，打得小香玉的眼泪都快流出来了，直说，哎呀好疼啊！常香玉说：“咦，这回对了，刚才演《拷红》的时候，哎呀一下，哎呀一下，都是假的。”再来试试！“啪啪”又是几下，打得小香玉身上的红印子好几天都没下去。奶奶给她的“见面礼”就是几板子。当时，她一下子记住了，演所有的戏做所有的事，都要是真诚的。

真，就是万创之宗。千教万教，教人求真；千学万学，学做真人。真人，不说假话，不做假事。

请看《面对面》中柴静与卢安克的对话。

柴静：“你不抽烟、不喝酒、不赌博、不恋爱、不吃肉，如果你不为这些，那你为什么生活？”

卢安克：“有更大的乐趣——比能表达的更大的乐趣！”

“比能表达的更大的乐趣！”这难道不是真人真言，真“想法”？他快不快乐？我们从卢安克开罐饮蜜般的眉宇间可以读到。

“你不快乐的每一天都不是你的，你只是虚度了它，无论你怎么活只要不快乐，就没有生活过。”佩索阿说得真有诗意。

柴静：“在这样的贫困山区长久地生活，靠的不是冲动和一时兴起，而必须是理解和长久地承受，是要把自己完全地交给学生。”

卢安克：“如果一个人为了自己的家，他家人就是他的后代；如果一个人为了自己的学生，那么学生就是他的后代；如果一个人为了人类的发展，那么全人类就是他的后代。”

此间有真意！没有这个纯真的想法，没有真心真意真情怀，在广西的大山里，卢安克分文不取，支教10年……怎么可能？

二、创教材

教材是学生的教材。学习的每一天，学生都在读教材，用教材，教材深刻影响学生。很多熟读成诵的文质兼美的课文，让人终生难忘。教材要对学生负责，负责任的教材要让学生喜欢，要让孩子有真情实感。

美国密歇根大学教授刘葳说，现在使用的统一教材中的不少文章并不是为孩子而创作的，譬如，六年级课文《索溪峪的“野”》中写道：“走进张家界的索溪峪，脑子里只剩下了一个字：野……在这样的山水间行走，我们也渐渐变得‘野’了起来，城里戴眼镜的姑娘……年过花甲的老人……人们，在这山水中返璞归真了。”我们注意到，文章的内容关注到人与自然的关系，这本是很好的意图，但这篇文章却不是为孩子而写，而是为编教材而写，所想所感都不是孩子的，也不是作者的，而是作者主观“告诉读者要这样理解和感受”的。孩子最大的特点就是“真”，“返”和“归”真的感受与本就纯真的孩子有什么关系？阅读这样的文章，好比吃了坏东西，食而不化，即开始厌食。这也许就是很多小学生放弃对这类矫揉造作的所谓文学作品的“深阅读”，而转向武侠、漫画、言情这类书籍的“浅阅读”的原因——后者虽没多少营养，但至少食而能化，不会引起不适和消化不良。

一位旅美学者的儿子在美国上小学的时候，他去儿子学校考察，发现同一年级的各个班级上课的方式都不一样。同样是教美国历史，有的班级组织看电影，有的组织去博物馆，有的是让孩子写文章，有的则是让孩子模仿历史人物进行演说。

他本来是想跟老师商量一下，找一本教科书，配合课堂教学辅导一下孩子，却发现，老师根本没有什么教科书。

他问老师：“你们上历史课不指定教科书，学生怎么掌握要点啊？”

老师说：“对于历史，每个人的兴趣点完全不同，看法也完全不同，让孩子们知道一个大的发展脉络就行了，我们不指定教科书正是为了让孩子们不受束缚地接触更多的史料，思考更多的问题！一本不适合的教科书，一是可能限制了孩子的眼界，让他们觉得历史就在一本小小的书里，更可怕的是可能破坏了孩子学习历史的兴趣，让他们此生把历史拒之门外。”

学科都是相通的。

一次听某位老师公开教学《找春天》，我坐在一男生旁边，只见他课桌上放着一绘本，始终不见他的课本。问他是否忘带了。他说这篇课文看过几遍了，都会背了，没啥意思。我说：“你有更有意思的文章吗？”他说：“有！”

原　　谅

春天来了，
我去小溪边砸冰，
把春天砸得头破血流直淌眼泪。
到了花开的时候，
它就把那些事忘了，
真正原谅了我。

“你喜欢?”我问他。

“很喜欢!”他使劲地点点头。

课后，我向执教老师建议，可否把学生喜欢的“原创”增补到《找春天》的后面。

鼓励学生自创教材，自创真正属于自己的教材。哪怕学生生涯有过一次自创教材的经历，都是一种了不起的经验。这种经验有胜于无，多多益善。当然，学生自创教材可以是写意与象征性的，可以是改编的，最佳是原创的。自创教材要小步子，低起点，多维度，可以是给课文画一幅插图，配一段音乐，可以是改换一下文题，修改一个字词，增补一个注释，也可以删除不喜欢的课文，增添喜爱的文章。总之，要让水长流，不断线。

教材也是教师的教材。好教材是既养学生也养教师的教材。教师要养成开发教材的意识，要锻炼自编教材的能力，要逐渐具备创编教材的实力。教师自编教材，若以教材文本为分水岭，可分“对内对外”两种，“对外”主要是剥离教材文本，“自成一体式”独创教材；“对内”效果突出的是针对教材文本的“定点爆破式”创编。“定点爆破式”创编，意味着与文本对话时，要善于深入到客观事物的内部，抓住问题的核心，实施“靶心”爆破。

譬如，《秦兵马俑》的一段文字——

兵马俑规模宏大。已发掘的三个俑坑，总面积近20000平方米，差不多有50个篮球场那么大，坑内有兵马俑近8000个。在三个俑坑中，一号坑最大，东西长230米，南北宽62米，总面积有14260平方米；坑里的兵马俑也最多，有6000多个。一号坑上面，现在已经盖起了一座拱形大厅。走进大厅，站在高处鸟瞰，坑里的兵马俑一行行、一列列，十分整齐，排成了一个巨大的长方形军阵，真像是秦始皇当年统率的一支南征北战、所向披靡的大军。

设若，先找中心句——“兵马俑规模宏大”，再抓关键词——“规模宏大”，然后画出表现“规模宏大”的数字——“总面积近 20000 平方米”“一号坑最大，东西长 230 米，南北宽 62 米，总面积有 14260 平方米；坑里的兵马俑也最多，有 6000 多个”。接着读出“规模宏大”，最后来个 200 字的迁移仿写——城市的广场规模宏大……

这种以纲为纲、以本为本的“经院式”对话，永远浮在文本的表层。只有逐步沉潜、层层深入，由内而外，由表及里，才能谛视到文本的内核，才能聆听到文本的心音。

所以，我先选编“巴顿墓碑”——

巴顿的墓碑立在欧洲腹地的海得尔堡的一个很大的广场上，广场上整齐地排列着 6000 个洁白的汉白玉墓碑。它意味着二战中牺牲在欧洲战场的 6000 名美军长眠于此。每一块墓碑上都极简洁地刻着一个军人的名字和他的生卒年月，巴顿的墓碑也是如此，他不因为自己是五星上将就制造什么特殊。生前与大家生死与共，死后与大家相伴相随。他始终生活在普通战士之中。如果说他所指挥的第三集团军是一片足以淹死一切强敌的浩瀚大海，那么，他情愿认定自己就是一朵最普通的浪花。

有人觉得帝王与将相不对等，我又选编“戴高乐的墓葬”——

有不少人以为，法兰西第五共和国的首任总统戴高乐的墓地应该建在巴黎等繁华的大城市。然而，这位功勋卓著的老人却安息在远离巴黎的科隆贝双教堂小镇。

小镇距巴黎有数百公里之遥，那里离最近的火车站还有十多公里远，没有直达的公共汽车。同巴黎著名的拉雪兹等大的公墓相比，科隆贝双教堂的墓地显得平凡朴素。在墓群里，人们往往需要经过一番搜寻，才能在角落处找到戴高乐将军的墓。

戴高乐墓高出地面不到半尺，墓由白灰色的石头砌成，石面上刻着：夏尔·戴高乐，1890—1970。

这种砌墓用的石头是最普通的，常用来镶马路边。来参观的人大多发出这样的感叹：“这种简朴平凡的方式把一位伟人的品德表现得淋漓尽致！”

1970年11月9日，离八十大寿不到两个星期时，戴高乐将军溘然长逝。早前，戴高乐将军就留下遗言：“不必大操大办，只在科隆贝双教堂的墓地里举行一个朴素的私人仪式。”按照戴高乐将军的遗愿，他的葬礼办得简朴而又平静，既没有乐队演奏哀乐，也没有人在教堂的弥撒上致辞。将军的棺木由一辆军车运抵教堂，然后由他的几位老乡（一名肉店伙计、一名奶酪铺掌柜和一名农场工人）抬进墓地，安葬在爱女安妮的墓旁。据说，戴高乐将军的棺木当时仅花了72美元。

每座坟墓都埋藏着一个故事，没有故事的墓是空的。创造性地将“三个墓”对话形成了一篇发人深省的大教材，每个学生与“大教材”对话，都写出了自己独具一格的感悟与解读。

同为修墓，秦始皇是怎么想的，巴顿和戴高乐又是怎么想的？

如果说兵马俑展览的是等级，那么巴顿和戴高乐墓碑展览的则是无等级。

秦兵马俑，规模宏大，私欲膨胀；巴顿和戴高乐墓碑，形式简陋，人格伟岸。

可能会有不少人记住秦兵马俑，记住它昨天的故事和今天的“创收”；也可能会有更多的人像我一样记住巴顿，记住戴高乐，记住他们生前的才华经天纬地，业绩惊天动地，记住他们死后那平凡至极的墓碑留给后人的思考与警醒。

巴顿与戴高乐无级别的墓碑折射的人格，是大写的人格，这种人格无国别。如若秦始皇地下有知，他会作何感想？

我们认同兵马俑的文化与艺术价值，但同时也要审视其负价值，因为眼睛向下总是在古墓坑里打转的时候，别人已经眼睛向上，建造了宇宙空间站，正准备登上火星。

……

有了“比色卡”，跳出单纯为应试而设计所谓扎扎实实的经院式训练的窠臼，重新审视墓葬的本质含义，与文本对话，就有了一定的深度。

兵马俑，是秦陵的一部分。如果说“兵马俑规模宏大”是一种美学，那也只是一种暴力美学。不论是中国的皇帝陵，还是埃及的金字塔，无疑是暴力美学的代表作。这种暴力美学，只关心一个人或几个人的灵魂。它一方面是崇尚“不死”，让某个人把自己的权势和荣华由生前延续到死后，由地上带到地下；另一方面是光大“正统”，推崇辉煌正统的，排斥贬黜旁出的。因此，中国帝陵都有“庙号”，埃及金字塔都有“称号”。“不死”关心的是自己生命的延续，灵魂的不朽；“正统”关心的是王朝生命的延续，一代，两代，乃至万代。

“秦始皇留下了长城，隋炀帝留下了运河，文景繁荣了文学，贞观培育了诗歌。暴政能创造工程上的奇迹，仁君则丰富一个民族的灵魂，从未经历暴政的民族很难宏伟，但不能结束暴政的民族不能久远。”吴稼祥先生的话深刻隽永啊！

有了“比色卡”，从历史、哲学、美学、人性的角度审视帝陵，走出遮蔽，敞亮视界，超越知识，走向智慧，与文本对话，便有了足够的深度。

美国作家安娜·昆德兰曾说：“在书海中航行，我领略了异域风光，同时也走进了自己的内心世界，阅读帮助我发现我是谁，我有什么志向，以及我对自己和世界怀有怎样的梦想。”如果通过改编文本的“定点爆破式”阅读，我们的学生对阅读都能有这样的体会，那么作为语文教师，我们就是了不起的。

剥离教材文本的“自成一体式”独创教材，不是“躲进小楼成一统”的作茧自缚，也不是“重打锣鼓另开戏”的别出心裁，更不是“泼洗澡水连孩子一起倒掉”的全盘否定，而是教材“维生素”的再补充，是教材智慧的再充电，是“我在下一个路口等你”的再出发。

基于此，这些年来，从长白山到五指山，从青海到上海，走遍大江南北，我很多的公开教学都是自创教材——《凄美的放手》《伟大的人有两颗心》《目送》《最浪漫的事》《邀非老师到课堂来》《情窦初开》《今生与你相遇》《那深情的一跪》《童诗·师童》《沙画人生》《妈妈家长学校现场招聘》《面对面交锋》《月亮 C 面》《学学说理》《注视美》《跪鸟与跪狗》《一片枫叶一片情》《情人眼》《让所有感动再来一遍》《微电影习作》……

无论是教师自创教材，还是学生自创教材，都不要忘了，学生与教师自身也是有待开发的上佳教材。

三、创设计

从无到有，固然是创造；但将已知的事物陌生化，也是一种创造。

憨豆，妇孺皆知吧！《火的战车》耳熟能详吧！伦敦交响乐队，如雷贯耳吧！这些熟悉的元素，再度组合便诞生了一个陌生化的别具一格的充满创意的场景。

回顾2012年伦敦奥运会的开幕式，当享誉全球的伦敦交响乐队预备为开幕式带来精彩演出时，镜头却切换到队伍中的“憨豆”。他先是一根指头按着琴键，后又不耐烦拿出手机玩起自拍。随之，他又在“梦乡”里，与《火的战车》的主人公一同跑步训练……当他突然醒来时，指挥正严肃地盯着他，情急之下他竟不可思议地口技一个响亮的“屁”……

那英伦式的幽默，那出人意料的创意设计，怎能不令全球观众开怀大笑？好的创意设计之所以吸引人，是因为设计者心中有人。心中有人创设计，简言之，就是“人创，创人”。

人创，意味着创造者自身是有灵性、有智慧、有艺术、有美感，会创造的人；创人，意味着创造者的一切创造都是为了唤醒人、增值人、愉悦人、升华人。

“人创，创人”的设计不会从无中自发出现。“人创”需要一个创造者，其角色首先是教师但又并非全部落到教师的肩膀上。

几年前，我曾到访过加拿大的一所公立小学，校墙醒目的位置上，挂着一张裱好的学生照片。惯性思维告诉我可能是受表彰的“优秀学生干部”吧，直到走到跟前，仔细端详照片下面的一行数字：“1997—2008”，车祸带走了他鲜活的生命，我才知道自己的潜意识判断有误。是谁把他挂到墙上去的，这只手似乎并不重要，重要的是这只手后面的心；这颗心似乎并不重要，重要的是其心中尊重生命的“设计”——对逝者缅怀，对生者警醒。

来到洗手间，看到男生的坐便器里漂浮着几个“麦圈”，我好奇地问：

“为什么？”校长双肩一耸，双掌一摊，双眸含笑：“你猜猜！”

从小养成“小便请对准”的习惯，麦圈可以成为“瞄准”的靶心，校长的“设计”是不是独具匠心呢？

来到操场，正在进行一节体育课，孩子们风一样在球场上练习折返跑，只见轮椅上的一位小姑娘被保育老师推着也随着队伍往返跑，她金发飘飘，笑声朗朗……那一刻，我耳闻目睹的不只是一节跑跑跳跳的体育课，还领略到了“在平等参与中不让一个孩子掉队”的设计理念。

来到教室，母语老师正席地而坐，看孩子们演出课本剧。所有的道具，都是学生亲手制作的，每个学生仿佛都是设计师，特别是“纸质”的服装，丝毫不比T台上的“潮装”逊色。“可以开始了吗？”学生问老师。“你说呢？”老师反问。“我从那边上台？”一只“小白兔”跑过来问老师。“你觉得呢？”“小白兔”立刻有了自己的路线。……没有“对口型”，只有“现场直播”；没有“导演”，只有“观众”；没有“耳提面命”，只有“自己教自己”。

创设计不能被单纯地理解成把一个别出心裁的设计写在教案上就算大功告成、一劳永逸，殊不知，很多“生成”是在不断推翻“预设”，使得一些“预设既出，预设即死”。所以，从这个意义上来说，创设计是在创设计中设计，也是在创生成中再创设计。

四、创教学

创设计落地生根于创教学。

教学，在我看来，可以分为教学1.0、教学2.0、教学3.0和教学4.0。

教学1.0是被教学，教学2.0是仿教学，教学3.0是邀教学，教学4.0是创教学。

被教学1.0，执教者“自身”未同创教发生关系，是教学生存本质的“缺席”；仿教学2.0，是从1到N的克隆教学，是从0到1原创教学的“缺席”；邀教学3.0，是受邀上课，仰人鼻息，“人在江湖，身不由己”的讲学；创教学4.0，由于有了自由的自身，是真正靠自己本身的自由意向创建教学，找到了教学的“紫牛”，并不间断地实现审美超越的生命单位和生存过程，因而是有生命的教学。

从评选特级教师的考评课开始，多少年来，我坚持与“烫剩饭，搞彩排，对口型”的公开教学绝缘，坚持现场直播“处女课”。行年渐长，与功名渐行渐远，“一切皆浮云”，与利禄绝尘而去，教学中，我始终以初心与孩子的童心对话，课课若只如初见。

“八个多月没落雨了，”当地人蹙眉告诉我，“这里现在大旱！”

“不喝他们的水，水太珍贵了！”踏上这块干旱的土地，时任总理温家宝如是说。

不仅不喝他们的水，还要带给他们甘霖，我在心里祈愿！

上课了，我让初见面的孩子们喊“孙建锋”，一喊他们说感到“亲切”；我再让他们喊“建锋”，二喊他们说像“朋友”；之后我让他们喊“锋”，三喊他们说是“亲人”。

“亲爱的同学们，”我笑着说，“轻轻地把‘锋’连喊三遍。”

“锋……锋……锋……”

“你们呼‘锋’，必然落雨！”

天作之合，5 点 20 分，暴雨如注……

“锋”自彩云之南，雨落彩云之田。

这是 2010 年我应邀赴云南昆明上课时，创造性地与学生进行的开场对话。

课始，我请学生邀几位听课教师和他们一起上课。受邀的教师在热烈的掌声中坐到了学生中间，教师“等高”于学生，教师“做回”了学生，教师与学生“平起平坐”。有了角色换位，有了过程体验，教师方识如今学生的“滋味”，方解当下学生的“风情”。

课中，学生的笔尖在纸上跳舞——写着《乡村趣事》，只见一位男生咬着笔杆，望着本子发呆。眼看时间快要到了，他索性把课文《桂花雨》抄了一段“交差”。我给他的评语是：“这篇作文 110 分，5 分是你抄写的辛苦分，5 分是你懂得欣赏的分。其余 100 分是给作者琦君的，因为她是原创。”看了我的评语，他写道：

孙老师：

生在昆明，长在昆明，我“穷”得没有“乡村趣事”。没有“乡村趣事”的我，目光四处“流浪”，发现《桂花雨》好美，于是“偷”走。你不会认为我是“小偷”吧？

看了他的短文，我回语：“此文200分，100分因你的坦言，100分给你的原创。”

南海里有种珍珠贝，当它吸进了沙粒之后，便把壳合起来。沙粒被温柔地包容、接纳，不久便化成了珍珠。有了足够的心智高度，才能理解孩子的缺失并给予包容；有了足够的宽容高度，才有学生字字珠玑的原创。

学生批注完《做一片美的叶子》之后，我将固有的文本解读清零，蹲下身来，倾听学生与文本的个性对话：

“‘每一片叶子都有自己的位置。’家庭、学校、社会的大树上，不都有每个人的位置吗？”

“‘树上没有两片相同的叶子。’地球上有两个相同的脑袋吗？”

“‘大树上每片叶子都很美。’地球上每个人不都很美吗，为什么还有歧视与战争呢？”

后来起身，我把一个孩子高高抱起，仰视并聆听她与文本充满哲思的对话：

“大树，春天叶子嫩绿，夏天茂盛，秋叶枯黄，冬日飘零。”在家族的大树上，我像春天的叶子般嫩绿，爸爸像夏天的叶子般茂盛，爷爷像秋叶般枯黄，爷爷的爸爸已经冬叶飘零了。但是，听爷爷说，叶子在树里，树在叶子里。我在爸爸的身体里，爸爸在我的身体里。

……

“蹲下来”，教师低于学生，学生创造性与文本对话的智慧之水才有了广阔的流域；“抱起来”，学生高于教师，学生便成了一片最美的叶子。

一元的课堂文化是静态的，它拒绝沟通，一言堂与满堂灌大行其道；二元的课堂文化是动态的，但却是割裂的、对立的；三元的课堂文化是生态的，是生命的对话，是超越“二”的存在，是更高度的“一”。这个“一”就是“以学生为中心”。

“以学生为中心”是创教学 4.0 的重要表征——教师不是主角，不是中心，不是目的。学习者发现、发展和享受自己的语言本能才是目的。为实现这一目的，对教师实际上是提出了更高的要求，因为对每堂课来说，教师并不是“有备而来”，打的都是“无准备之仗”，课堂学习的内容主要是学生定的，是学生的问题带着教师走，在看似随意的课堂学习中，教师确实要“真刀真枪”地有效地帮助学生应对各种各样的困境。这对教师的知识结构、理论水平、职业素养都提出了更全面更高的要求。

做到创教学 4.0，找到“紫牛”，教师需要“四心”。一要“静心”，马可·奥勒留说过“没有任何地方，可以是人们最安静和最无忧无虑的避难地，除了他自己的灵魂”。沉潜到茫茫人海的海底，任凭海面惊涛骇浪，天上风云密布，沉在海底的心永远是温和的，不吵不闹的，有了如此的静心，纵使“三无”，照样“诺奖”。二要“匠心”，像日本面包匠一样夜夜抱着面袋睡觉去温暖面粉，去世了还在神龛前放着面袋遗言要带它到彼岸去，有了这样的匠心，何愁做不出养人的精神面包。三要“精心”，一如巴赫打造古典音乐的精心，即便把他古典音乐的五线谱倒过来，从最后一个音符往前弹，都一样好听。四要“童心”，怀揣“绝假纯真，最初一念”的童心，才有资格与儿童对话。

五、创反思

杜威在《民主主义与教育》中指出：“所谓思维或反思，就是识别我们尝试的事和所发生的结果之间的关系。”思维的最好方式就称为反思性思维。它是对某个问题进行反复的、认真的、不断的深思，这是反思思维的起点。但是，思维未必都是反思性的，所谓的反思除了掌握反思技能，还要养成反思态度。这种态度就是开放、责任感和执着精神。

反思要与行动相连，要“在行动中对行动反思”，即“对行动反思”和“在行动中反思”。创教学 4.0 的教师除了要反思教育目的、教学环境，以及自身的专业能力之外，还要创造性地反思教学中“人”在哪里？

譬如，在对话教学中，我们要“创造性反思”：与儿童能否成功对话？

首先，我们要追问自己和儿童对话是否感动？

感动并非因为我们比儿童有力量，比他们权威，比他们完善，比他们优越，因而觉得自己可以居高临下俯视儿童；而是因为我们的境遇受到限制，因而只能从受限制这个地方出发仰视儿童所具有的无限可能性，仰视他们的纯真无邪。

其次，我们要追问自己与儿童对话能否从第一自然中返回第二自然？

就我们人类自身而言，我们的童年时期是第一自然，是有缺陷的，既无理性也无自由。我们要重返的那个自然是第二自然，它不仅拥有第一自然的完美，而且还有理性和自由。

读了《祖父的园子》“……蜜蜂、蝴蝶、蜻蜓、蚂蚱，样样都有。蝴蝶有白蝴蝶、黄蝴蝶。这种蝴蝶极小，不太好看。好看的是大红蝴蝶，满身带着金粉。蜻蜓是金的，蚂蚱是绿的。蜜蜂则嗡嗡地飞着，满身绒毛，落到一朵花上，胖乎乎，圆滚滚，就像一个小毛球，停在上面一动不动了”。执教老师问：“喜欢这些动物吗？”

“凭什么让我们喜欢它们呢？”一个学生将了老师一军。

显然，孩子的“为什么”属于第一自然，是纯真的，但却是无理性的，因受思维局限而心智不得自由。

“我很喜欢它们的状态：默默地创造生命，静静地自食其力，平安地活在园里，它们永远在做它们自己。”

执教老师抓住契机与儿童对话，从第一自然中返回第二自然。

最后，我们要追问自己与儿童对话是否“大于二等于三”？

中国文化中的“三元”是一种很高的境界。老子在《道德经》讲道：“道生一，一生二，二生三，三生万物。万物负阴而抱阳，气以为和。”道家的“一”指的是元气，“二”是阴阳，“三”是冲气。这种宇宙观建立在气论基础上，是动态的、有机的，因为从一到万物总要经过二。“三”既是由“二”形成，又是不断提升的。

教学对话前，你、我好的东西各自藏着，这是“二”；主际对话后，你、我好的东西发挥出来，求真求美产生的效果超越了每个人所展现的美好，富有了新的创造，这就是“三”。宛如婚恋，不仅是两个人，还有心灵深处不断涌现出的柔情与蜜意，激活了生命的原创力，引发了巨大的能量，诞生了令人怦然心动的“三”。

当然，创反思与创教学的热恋，是超过情，超过景，情景交融创生的美的艺术品——“三”。

六、创发表

与创反思和创教学 4.0 时代相匹配的教师是“自教师”。

“自教师”是勇于突破体制框架，在“互联网 +”时代敢于追逐自己的教育梦，开创一个“自专业”时代的教师。

自专业，典型的特征就是，个体可以符合行业标准而成为行业的一份子，但不必依附于任何组织。专业，意味着研究的成分，意味着创造性的工作；自专业，意味着个体即研究者，有能力创造性地工作。

自专业，关怀的基本问题是既探讨自身的专业现状及其历史原因，又寻求自身专业实现自由的生存艺术。它不仅由此确定一定的行为规则，而且还设法改变自身，形塑自身，形成具有特定美学价值又符合特定风格标准的艺术作品。

如果说“教育是人的社会化”“教育是使人成为他自己”，那么对应于教师的专业发展，前者强调的是教师的社会属性——承载着社会化的功能性目的，需要在一定的标准框架内发展并符合提供教育服务的预期；后者强调的是教师的个体属性——侧重在激发教师个体潜能并能够让教师以研究的方式工作，创造性地从事教育活动。

自教师，是创教学 4.0 时代教师的华丽转身，为了创建和实现美丽的教学人生，教师必须时时转向自身，朝向自身，靠向自身，相信自身，关怀自身，完善自身，在创教学 4.0 的教学高峰体验中，不断实现审美生存的自由逾越和好奇性探索，使自身成为真正独立自由和充满创造活力的审美生命体。

创教学 4.0 的教学人生并不仅仅局限于自身范围内的创造活动，而且也呈现在自身与他人的相互关联的创教活动中。自教师的“创发表”不啻指向创文字发表，还有创“自身发表”——在待人宽而不慢、廉而不刿的氛围中与他者对话，使得“1 + 1 > 2 = 3”。

创课，上乘习作教学的追求

上乘习作教学追求“用心泼墨”，追求“故事效能”，追求“回归儿童”。这些创课建立在自身之上，不是为了说出什么，展示什么，或者教会什么，而是在那里存在。

——题记

追求“用心泼墨”

让我们共享一组充满梦幻、和谐、氤氲美感而又酣畅淋漓、精神焕发的泼墨山水画。

在一次泼翻墨水的意外中，张大千把过去的技巧也全部泼翻，泼墨于焉诞生，介于写实与写意之间，介于创作与随机之间，介于写实与抽象之间，介于人间与天上之间，独开绘画新格局。

上乘的习作教学，追求“用心泼墨”，意味着要像张大千那样，放下笔触、抹去线条、舍弃手中的蓝图，打翻铅字架、推倒墨水瓶，以内在的感觉推动，随意随机地去完成一幅幅“作品”。

若以画竹比喻教学，当下的习作教学可分为四类：

一是写实类——“眼前有竹，胸无成竹，依竹画竹”。

二是传统水墨类——“眼前无竹，胸有成竹，以格法画竹”。

三是即时性创作类——“眼前无竹，胸中无竹，潜意识无竹，画中无竹”。

四是用心泼墨类——“眼前无竹，胸中无竹，潜意识有竹，既无成法又无成竹，若竹欲生则因境而生”，也就是“无中生画，画中生境，境中生意，意而生象，象而生图”。

追求“用心泼墨”的上乘习作教学，就是挖掘潜意识中的资讯，运用独特技法、媒介和想象，配合先进的教育理念，去艺术化和戏剧化身所属、眼所见、耳所闻、心所思的万象，打造具有神奇生命效能的习作教学。

尼采说：“诗人都在醉在梦。”教育家也是如此，大胆地追求“用心泼墨”就是我们梦中之“醉”。

追求“故事效能”

德国思想家班雅明说过，“故事是来自远方的亲身经历”。

人，具有被故事吸引的本能，不仅喜欢听故事、讲故事，还喜欢参与到故事里。

故事是激发孩子习作兴趣的首席“兴奋剂”。

遗憾的是故事在没落，不是因为没有好的故事，也不是因为没有好的讲故事的人，而是因为听故事的人消失了。更确切地说，是我们失去了听故事的态度与耐心，娱乐至死的媒介钝化了感觉，再精彩的故事我们也难以从中找到乐趣。再加上人们愈来愈现实与功利化，看见每样东西每件事，都先问：“这跟我们有什么关系？”“这对我们有什么用？”抱歉，故事的迷人之处，就是来自陌生稀奇，不是随便会有用，会和我们发生切身关系的。

故事最迷人的效能，就在于它把人带进一个异质的时空中，释放掉了自我，融化在故事创造的时空里。尽管故事可能是假的，但是它带给读者的众多感受，永远都是真的。

追求“回归儿童”

童年是人类生命历程中最柔软、最富诗意、最具美感的一个阶段，它虽然是我们一生的一部分，然而它却胜过了整体。

匆忙，不等成熟采摘一切果实的匆忙，使作家无暇写作，音乐家无暇谱曲，画家无暇作画，教师无暇育人；匆忙，使思想家变成名嘴，使名嘴变成娱乐家，使娱乐家变成聒噪小丑，使聒噪小丑变成满嘴谎言的职业骗子；匆忙，使充满焦虑和贪婪攫取的人释放了灵魂中全部的卑鄙与私欲；匆忙，使孩子从小就没有时间当儿童。

如果我们的孩子从小没有时间当儿童，没有游戏、歌唱与笑闹，我们可以预见二十年后，我们的社会将会没有诗情、没有文学、没有音乐，也没有文明！

鲁迅说过，对于儿童，“小的时候，不把他当人，大了以后，也做不了人”。

回归儿童，意味着我们的习作教学要尊重并给予儿童用自己的方式思维、梦想和表达的权利和时空。

回归儿童，意味着革专制教学的命。专制教学试图控制孩子的思想，但无法进驻其大脑，于是只能控制其思想的表达。语言因此被“消毒”、被“驯化”。一些词被妖魔化，另一些词被扎上蝴蝶结；一些词被灌入硫酸，另一些词则被喷上了香水。多年的教育之后，一提起“农民起义”，就想起了“可歌可泣”；一说到“卖火柴的小女孩”，就想起“丹麦的水深火热”……以条件反射代替思考，使每一个词语在展开其内容之前就散发出某种“气味”，只有一种味道的词语是贫乏的，只有一种味道的语言是贫血的，只有一种味道的作文是贫穷的。

回归儿童，意味着我们的习作教学要让儿童处于真实无恐惧状态里，自由表达真情实感，分享彼此语言的智慧，促成公共讨论，建立对话互动、充满活力的课堂秩序。任何“一鸟入林，百鸟无声”的压制和恐吓教学秩序，都是坟墓里的秩序，而不是活人的秩序。

综上所述，上乘习作教学追求“用心泼墨”，追求“故事效能”，追求“回归儿童”。这些创课建立在自身之上，不是为了说出什么，展示什么，或者教会什么，而是在那里存在。在某种意义上，这种存在是习作教学之存在的一座纪念碑。换言之，它具有一种地貌，它构成了一处风景，在那里，任何一个创课者都可以到处走动并在习作教学的创课流动中，出乎意料地发现之前的教学不曾出现的视角。

习作教学，用你的美一直“创”便是了

世上唯一的创课路，除你之外无人能走。它通往何方？不要问，用你的美一直“创”便是了。

——题记

用什么美“创”？用自己的自然美“创”。这种自然美，有着蓝天和野草构成的自然风貌，这是最有魅力和最有生命力的自然美的原初典范，也是人类一切文化创造，特别是习作教学艺术创造的最原始基础。这种没有任何人为强制性权力存在的“零点场域”，恰好为我们的习作教学艺术创造提供了最自然、最淳朴和最丰富的想象力和最广阔的视野。

美创之一，教学革命

当下的习作教学是“铃声一响赶鸭子——进堂，写法一点灌鸭子——讲堂，命题一发烤鸭子——考堂，名次一排板鸭子——傻堂……”哪怕还有一节这样固态的习作教学课存在，我们都需要教学革命！

借用凯恩斯的话，习作教学革命的“困难并不在于提出新看法，而在于拆除老看法”。应试教育习作教学的“法”之所以老，并不是因为它获得了分数排名这一“最不坏”的“公平竞争”的由头已久，而是因为它在不断重复自身的时候，并没有让鲜活的生命重新焕发出应有的生命活力！

什么样的习作教学能够焕发出学生的生命活力呢？创课！

创课，对任何尝试复活过去的习作教学丝毫没有兴趣，那是因为它是死的。但是，有了这个死亡，人人都能“手术”，那些绝对宁静的习作教学，可以用完全解剖的方式。基于此，教师人人都拥有平等创课的机会。

特别是核心素养与新教材时代，每个教师都回到了创课的同一起跑线上，怎样在习作教学的课堂上不断地或渐近地逼近学生的健全人格养成，可以纵深挖掘现有的教材资源，也可以跳出原有的一切，探索更多元的语文综合性课程，走向创课。“创”什么？简言之为六个方面：创思想，创教材，创设计，创教学，创反思，创发表。“六创一体，一体六创”的创课教学，可以让每一个创者都活得像一条河——活在源头、河口、湍流、山涧和大海中，就像同时活在少年、青年、中年和老年。一条河流会受困于过去，受惑于未来吗？它无处不在，没有停歇，它同时容纳了过去、当下与未来的三种时间，它自身即是一切创课的因果，即是创课的此在，即是创课的本质。

美创之二，教学解放

在作家昆德拉看来，最可怕的是自我归罪。他说，卡夫卡讲故事的主题几乎都关乎自我归罪：从没有做任何坏事，或者说不知道自己做过什么坏事的 K，生活在他人归罪的处境中，日子久了，K 开始觉得自己真的有罪，开始用不是自己的道德原则来审判自己的生活。自我归罪是个人的一种生存状态，由社会的或意识形态的他人归罪来审判自己，自己让自己变成有罪的人。极端的应试教育就是强迫教师“自我归罪”——如果你不按照“考试作文”的牌理出牌，就会觉得自己是罪大恶极、罪恶滔天、罪不可恕的“K”。创课是一种解放，一种个体解放，它把“K”从习以为常的“自我归罪”式的习作教学压迫中解放出来。这是最艰难、最根本的解放，这样的解放不但需要勇气，而且要依靠理性。

美创之三，教学艺术

习作教学的创课艺术，意味着创课是教师的自我创造、自我展现和自我实现的过程。每位习作教学的创课教师，首先只有真正把握自身生命的脉动频率，只有掌握自身生命内在要求之精华，才有可能创造出富有生命力的教学艺术作品，最生动地表现出教师本人的生命特征——教师有什么样的生命状态和生活风格，他就会创造出什么样的教学艺术作品。只有当一位教师真切地感受到自身生命的快乐、痛苦和理想追求的时候，他才能创造出真正符合其自身品位的教学艺术作品。一个对生命无所感受、无所体验和无所忧虑的教师，不是真正的教师，他也不可能创造出优秀的富有生命力的习作教学艺术作品。

美创之四，教学自由

对塞尚来说，要画成一幅静物画必须工作100次，而画成一幅肖像画则要对人物的姿态改动150次。因此，我们认为他的作品只是对理想的不断尝试和不断接近。依旧是在一块画布上面，他就是这样必须用颜色来实现他的自由。

依旧是在教室里，教师用什么实现自己的自由？

一节习作教学创课，设计要修改多少次？100次，够吗？下水文要写多少篇？10篇、20篇行吗？创课，是在创课中不断尝试与逼近真相的过程；创课，只有在真创课中才有教师教学生命的自由。

美创之五，教学人生

相异于一般上课，只是待在“舒适区”，一切的教学流程处于心理舒适的状态，进步缓慢；创课，活跃在“伸长区”，一开始也许创课者会感到有某种程度的不适或者挑战，但跳一跳够得着很多很多东西，特别是自信心明显加强，创造性大幅提升。创课，就是创、生，创生，才是人生。怎样打造创课人生？每一天，能在不受世俗干扰，没有东西压制自己，不考虑他人眼光，心态完全平和、自信的状态下自由灵动创课固然好。如果正感觉到抱紧信仰前行的沉重压力，如果感受了世道后开始彷徨，如果在承受不公正的对待……我想告诉你，你并不是一个人。有人曾体会过跟你一样的痛苦，并且已经走了出来，变得超然而强大。这也会是你将来的样子，甚至你会超越这些人，变得更加超然独立。当你坚信创课，一步步走下来时，就会发现你身边曾经不屑于你的人在慢慢被你影响，会开始跟随你的脚步。借尼采箴言，当每个有信仰的人，坚强地走到最后时，都会发现：谁也不能为你建造一座你必须踏着它渡过生命之河的桥，除你自己之外没有人能这么做。……世上唯一的创课路，除你之外无人能走。它通往何方？不要问，用你的美一直“创”便是了。

创课，请用“爱的思维”

爱的思维，意味着学生先于内容，爱大于一切；爱的思维，意味着让每个独特的思维都开花；爱的思维，意味着引领学生从单一思维走向网状思维；爱的思维，意味着怂恿学生的“陌生思维”。

——题记

在我看来，教师采取的每项教学行动都是基于“爱”或“怕”。

爱是一种扩张、开放、赠送、停留、敞开、分享、治疗的正能量，怕是一种收缩、封闭、攫取、逃避、隐藏、独吞、伤害的负能量。

当然，选择爱还是怕，取决于教师的个人自由。

爱和怕的教学行为背后的“爱的思维”和“怕的思维”，属于一种“诱发思维”。它是“思维之后的思维”，是“元初思维”。它是一种主导的力量，是原始的能量，是行为的发动机。而我们的创课，要用“爱的思维”。

怎样用“爱的思维”进行习作教学创课呢？试以《天使，在身边》的教学片段为例，挂一漏万，以求方家。

爱的思维，意味着学生先于内容，爱大于一切

学生先于内容，爱大于一切的“爱的思维”，依我理解，它可以化成诸多的教学行为样态，但有一点是不可以绕过去的，即师生人格对等。何以体现这一“爱的思维”呢？以《天使，在身边》创课的开启抛砖引玉。

因为课前未与学生见过面，彼此陌生，怎样打招呼呢？我把自己的名字当作文本，与学生对话——让学生三呼“孙建锋”。

一呼“孙建锋”，我蹲下来，把话筒递到学生面前，问其有何感受？她

说："我觉得老师很容易让我们亲近。"二呼"建锋"，学生说这是个"爱称"，心的距离更近了。三呼"锋"，学生说这样就像恋人情侣间的称呼，很亲近！学生呼喊我的名字，从"孙建锋"到"建锋"再到"锋"，虽字数在减少，但学生对教师的情感却在产生变化，用一个学生的话说："我觉得三个字喊起来有点生疏，两个字喊起来有点亲近，喊最后一个字的时候就完全放松了，成为亲人了！"

"学生先于内容"，意味着较之于学习内容，学生与教师的人格对等应该率先"置顶"。

就像上文教例，课始，我蹲下身来，从身体到心里完全蹲下来，和坐着的孩子目光平视。只有目光平视，心里对等，才能与学生人格对等。我鼓励学生直呼姓名，学生无拘无束，畅快呐喊：三个字，两个字，一个字，字数越喊越少；"亲近""爱称""情侣"，师生感情却越来越亲近。宛如游戏般的课前预热创课环节，使得学生对教师很亲，亲其师，信其道。

"爱大于一切"，意味着教师为了让孩子体验爱，所创设的教学情境释放的是"开放""敞开""给予"的正能量之爱，它大于所有情感的总和与乘积。

学生一遍遍呼喊我姓名的声音，是发自内心的声音，是最响的声音，是最美的声音，是最爱的声音，因为它离爱最近。

生命对话恰恰需要"爱的思维"：打开"心场"，发射"信号"，把自己与学生的心连接起来，把师生对等的人格连接起来，把彼此的爱连接起来，让爱笼罩一切，让心沐浴爱河。这个爱的"信号"的密码就是"学生先于内容，爱大于一切"。

爱的思维，意味着让每个独特的思维都开花

习作教学中，每个学生独特的思维之花都是最美的花。唯有爱的思维，才能给这样的花以充足的阳光、丰沛的雨露。请谛听《天使，在身边》创课教学中那一朵朵"奇花妙音"——

课行中，为了激发孩子想象，我煞有介事地问道："有人说，中国小朋友想象的翅膀，肯定比不过美国小朋友的，你觉得呢？"学生争强好胜的劲

儿立马爆棚："我觉得中国小朋友想象的翅膀，应当能比得过美国小朋友的！""我不服，都是人，为什么他们就比我们强！""没有比赛，怎见分晓？""口说无凭，一比为快！"

"说比就比，比想象，比智慧，比思维。"我见火候已到，顺势而为，"一位美国三年级的小朋友，写了一篇作文——'我们几个小男生，到郊外去玩，在芦苇丛中发现了一只蛋。有的说是蛇蛋，有的说是鸟蛋，有的说是龟蛋……大家争论不休。后来，我们决定把蛋拿回去放到烤箱中去孵……壳快破了，大家紧张地盯着看……哈，蛋里孵出的是——'请你们写出蛋里孵出的是什么。"

学生写出了自己的想象——"蛋里孵出的是小鸡！""蛋里孵出的是恐龙！""蛋里孵出的是手榴弹！""蛋里孵出的是天使！""蛋里孵出的是钱！"

"在我看来，"这时，我故意揶揄，"蛋里孵出的是一样的答案！"

孩子们马上幡然醒悟，有位学生迅速转航："蛋里孵出的是一个世界。"

"一花一天国，一'蛋'一世界！"听我一说，孩子们哈哈大笑，我接着继续添加催化剂，"世界真奇妙，不想办不到。"

一个男生突然站起来，念道："蛋里孵出的是一位名叫孙建锋的老师。"

教室里马上沸腾了，学生们惊呼！大笑！鼓掌！

"我爸爸妈妈不一定接受你的说法。"我走向这个奇思妙想的孩子，先幽了自己一默，然后，让他充满无上荣光地站到凳子上，把这个充满创意的、敢为人先的、惊世骇俗的想象，再次大声地朗读，读给全班同学听，读给观课的老师听，读给教室外的春天听，也读给想人未曾想、写人未能写的自己听！

这时，有个孩子好奇地问："美国学生是怎样写的呢？"

我顺水推舟，"美国学生这样写道：'哈，蛋里孵出的是奥巴马总统！'"

同学们哄堂大笑……

"蛋里孵出的是什么？"无非是个例子，无非是个激发孩子想象的例子，无非是个激发孩子大胆想象的例子。没有哪位老师拿不出来可以激发孩子情趣的教学。"蛋里孵出的是什么"的结果不重要，重要的是激发思维的过程。就像在上文习作案例中，每个孩子都能兴趣盎然地独立想象，都能各抒己见地自由言说。他们每一个人的想象思维都在独自开花。没有一朵花的颜色、形态、味道是完全一样的，他们都努力地开放，向着自己的空间，以一定的向度、速度、弧度，以不可遏制的自由的力度开放。

为什么会这样？

因为在生命秩序中一切个体都是独特的。每个个体的独特性，最终只有在面对其他独特的个体时才有意义，才得以形成，得以肯定，得以显露，这是一个开放生命的存在条件本身。故此，在上文教例中，我创设情境，尽情绽放每个生命个体独特的思维之花。

独特的思维是一种能量。每个生命个体的独特思维，彼此相遇，相互碰撞，交织出不可思议的能量之网。思维相似的能量吸引着相似的能量——形成了相似的“能量块”，一如蛋里孵出“孙建锋”和蛋里孵出“奥巴马”的能量相似，彼此相遇，相互吸引，相互融合，形成相似的“能量块”。当越来越多的这种独特想象的“能量块”黏合起来，便会形成高级的联合思维。这是一种能够产生创造奇迹的潜在力量。如果我们爱孩子，就没有理由不让每个独特的思维都开花！

爱的思维，意味着引领学生从单一思维走向网状思维

爱孩子，就不会捆绑孩子的思维，而是放飞孩子的思维，引领孩子从单一思维走向网状思维。《天使，在身边》创课中有这样一个环节：

我给孩子讲了一个故事，我的朋友甲和乙，分别是两家创意公司的首席执行官。近日，他们发来两个新创的小视频。

请先观赏朋友甲发来的小视频：

有一个巨石人在山上玩弄巨石，突然，巨石滚落，速度越来越快，眼看就要把山下的小镇夷为平地，巨石人奋力一跃，落在巨石的前面，用双手托住巨石，在惯性冲击下，巨石人的一只脚触到了小镇最前端的一座教堂的墙壁上……

“在这千钧一发之际，巨石人力挽狂澜，小镇免除了灭顶之灾。巨石人和巨石化为了一尊雕像，雕像成了小镇的一道风景，风景成了一处旅游景点。”这是我朋友甲公司主创人员创作的故事结尾，老板说这个创意一般般，意味着这个月的奖金泡汤了。（生笑）我的朋友甲说，如此结尾，太缺少想

象力！他说，孩子们是想象的天使，能不能请小朋友们帮助设计一个充满想象力的结尾呢？请你用一句话编一个奇妙的结尾。

学生一听，马上奋笔疾书。十分钟后，他们自告奋勇分享自己想象的结尾。有的说，当巨石滚落到小镇时，镇上的人正下地干农活去了。收工后，他们发现小镇上的房子变成了一堆废墟，人们看到后抱头痛哭。但是不久之后，小镇上的人们振作了起来，他们把巨石装扮成了一座座漂亮的房子。有的说，最后，巨石人与那块石头被玉帝移到天界成为一道美丽的风景。有的说，当巨石离小镇只有1米时，突然“孙建锋超人”从天而降，与巨石同归于尽。（生笑）人们为了纪念他，给他塑起了一座雕像。

“有这样一个想象结尾，”我说，“你们怎么看？”

播放视频：

巨石人尽管使尽了浑身解数，由于巨石的惯性太大，它的后脚跟还是触碰了教堂，教堂钟声响起，随之便轰然倒塌了。闻声，小镇每个窗口都举起兵器，霎时，万箭齐发……巨石人被激怒了，放手了，巨石继续滚落下来，碾碎了整个小镇，连同那里的居民……

（生观之大笑）“我们不能一笑了之，这个结尾你怎么看？希望你编一条微信发给我。”

一听说编写微信，学生很感兴趣，立马笔尖在纸上跳舞。

有的写道：“我原以为结局应该是石头巨人保护了小镇，恰恰相反，结局是石头巨人亲手摧毁了它拯救的村庄。不可思议。”有的写道：“山上，玩石，巨人是一个中性人；山脚，托石，巨人是个大英雄；山下，放石，巨人是个刽子手。石头巨人，是个多面人。原来，人性，随着事态的变化而变化！”……

单一思维习惯于将刺激归入“A”或者“非A”。换句话说，就是习惯于非黑即白的思维模式。但是，思维是复杂而非简单的，是多元而非一元的，是网状而非直线的。

因为世界是网络状的而不是直线形的。美国人类学家吉尔兹描述的最真切：人是悬挂在意义之网里的动物。意义是网状的，所以，基于意义或被意义驱动着的人的行为就是多因多果的而不是单因果链的。

上文教例中，有学生写道：“山上，玩石，巨人是一个中性人；山脚，托石，巨人是个大英雄；山下，放石，巨人是个刽子手。石头巨人，是个多面人。原来，人性，随着事态的变化而变化！”这是基于对小视频中巨石人行为的动态感悟，运用朴素的网状思维，做出的洗练概括。巨石人生活在特定的情境之网里，它的行为必然受到来自其情境的影响，在不同时段、不同地点，面对不同的境遇，做出了不同的反应。

习作教学要回归正常思维，就要潜移默化地引领学生从单一思维走向网状思维。

爱的思维，意味着鼓励学生的“陌生思维”

习作创课教学中，学生常常出现教师未曾听闻的“陌生思维”。教师要不畏惧“陌生思维”，要用爱的思维，鼓励这些“陌生思维”。

《天使，在身边》教学中有这样一个环节——我请学生观赏一段小视频：

茫茫的雪野上，一群白种人青年男女正为一场派对布置道具，正在这时，来了一位不速之客——一只胖胖的黑狗熊。众人哗然，急忙躲避……胖胖的狗熊，大摇大摆地来到一台白色洗衣机前，背向镜头，起身站立（镜头定格）……

我饶有兴致地问：“胖胖的黑狗熊，接下来会做什么呢？请同学们用笔说话，大胆‘猜写’！”

看到同学们奋笔疾书，踊跃交流，思维迥然，“猜写”各异，我为他们的自信给予鼓励：“每个人的基因是不一样的，每个人的指纹是不一样的，每个人的思维也是不一样的，各开各的思维之花。每朵思维之花都很美，在我的眼里，没有不美的思维之花，孩子们，给自己鼓掌！”奖励大家继续欣赏原创的结尾。

播放视频：

黑熊从白色的洗衣机里取出放进去的黑色外衣，黑色的外衣变成了白色的，它穿在身上，一转身，连毛发也变白了，黑熊变成了白色的北极熊……

“小视频这样结尾究竟有什么味道？”我请学生写出所“品尝”到的味道。学生甲写道：“我觉得这个结尾还是比较有趣味的，刚开始黑熊的衣服还是披在身上的，然后，黑熊走过帐篷，一转身，不仅身子变白了，头发也白了，黑狗熊变成了一只白白的北极熊。结尾出人意料，有味道!”学生乙写道:“皑皑原野，惟余莽莽。雪是白的，洗衣机是白的，狗熊演唱的卡拉OK是‘白’的，黑熊走‘白’的，用‘白’的，唱‘白’的，最后皮肤变白了，头发白了，方向也‘白’了……可是，黑熊、白熊，还是熊。”

征得同意，我把这位“朦胧诗”的作者学生乙高高抱起，递过话筒，鼓励她大声朗读，也是心甘情愿地仰视她，聆听她的陌生思维。

陌生的思维，并非令人费解，雪是白的——自然的白；洗衣机是白的——物质的白；卡拉OK是“白”的——文化的白。黑熊“走”白的——生活在雪白中；用“白”的——使用白人的电器；唱“白”的——消费白人的文化。最后皮肤变白了，头发白了，方向也“白”了。表面上被白种人“白”化了……可是，不论黑熊、白熊，都是熊，本质上种类一样。

我不知道，我也无法知道孩子竟然能够思接千载、视通万里，口吐莲花、妙语连珠，写出如此富有哲思的“陌生”美文!

每个课堂，每个时刻，每个教师，都会遇到学生的“陌生思维”。“陌生思维”不可怕，怕的是“收缩、封闭、逃避、隐藏、伤害”的负能量。

苏格拉底说:“我什么都不知道，我唯一知道的，就是我什么都不知道。”

在这个世界上，有很多你不知道的“陌生”，只有在你认为你不知道的时候，你才有机会想要知道，可能去知道。

几百年前，哥伦布只带了三艘小船一百多个人就出海了；在此之前，郑和带着三万人几百艘大船，七次下西洋。这两个人最大的不同就是，郑和认为他都知道，所以他是去册封的，是去宣扬天朝国威的；而哥伦布认为他不知道，他想要找到印度，找到那个财富集中的地方，去改变全球的格局。

情同此理，自以为“无所不知”的“郑和牌”教师，上课就会不厌其烦地对学生耳提面命、滚动联播；而“一无所知”的“哥伦布式”教师，常常会带着学生“水手”去未知的海域发现“新大陆”。

创课，是教师一生的教海探航，更是一生的心海远航。每一片海域都是陌生的，每一块新大陆都是陌生的，做郑和，还是做哥伦布?如果用“爱的思维”做出选择，答案笃定是后者，因为只有那样，每个教师才能都是终点和起点，才能做好学生的指南与舵手，也才能给予学生永续不竭的动力。

创课，一课难求

在充满创课精神的课堂中，教师是一个引领者而非控制者，是一个参与者而非旁观者，是真正意义上的创意者、设计者和实施者。

——题记

真正的创课，有四个含义：一是没有隐藏，二是没有混杂，三是正直，四是不变。

没有隐藏，就是没有任何阴影。创课越大越没有阴影，一如天空和大海。

没有混杂，意味着创课没有善恶的混杂，没有快乐与痛苦的混杂，没有罪恶与美德的混杂，没有欲望和灵魂的混杂。

正直，是指创课行为尊重人性，符合原则、规则和规范。在创课的灵魂中，任何一部分都是干净的，所有被应试、应赛和应付笼罩的谎言与虚荣都被放逐。

不变，指涉自我保持不变的东西。

这种不隐藏的、无混杂的、正直的、自我保持不变的本色就是创课的基因组学密码。

一课难求的真正创课，意味着“改变货币的价值”。“改变货币的价值”，就是面对所谓的教育习俗、规则所采取的态度与行动。

采取什么行动？损坏货币！使它失去价值。譬如，在一个刻有头像的硬币上，磨去其头像，用另一个值钱的头像替代，并使它以真实的价值加以流通。这个硬币所代表的是它的真实价值，没有欺骗，我们只是通过改变头像恢复了属于它的价值。创课就是在恢复真课的价值！

一课难求的真正创课，其“真”是在创课的艺术中展现的。

创课的艺术可以给学生一种与传统上课截然不同的体验。它具有真实生活的形式，生活本身又反过来成为创课的担保，创课是从生活出发的，生活属于艺术的王朝和领域。艺术把自己构建为一个涌出的场所——原本来自一种传统课堂文化之中，本来没有权利或者没有可能性表现的东西，从创课中喷涌……

一课难求的真正创课，其标志是“异”：在广大的教育人群中制造差异的创课，迫使教育者改变其教育生活方式，创课打开了要建设和梦想的另一个教育世界的新视野！

一课难求的真正创课，在于其变化不居：创课从未固定，因为它自己的生命活动、课程活动都在不断变化，好似水在流动的过程中不断变换位置。因此，“异”是真正创课的关键词。

一课难求的真正创课，从不只关注一个学科，对哲学、医学、政治学、历史学、社会学等都有所涉猎，并对学科产生巨大影响。在非专业领域创课永远是流动的。

一课难求的真正创课，其“异”还表现在它对于已确信的事物的否定。创课者的任务在任何时代都不是对现在的代言，而是对未来的构想。创课者有“异”的观念，否定当下，否定固化世界的内部。创课者对确信总是持否定态度。很多事情都是不可确定的，都是有偶然性的，我们有机会去改变。创课者的乐观主义是真正的乐观主义。

创课者信仰陀思妥耶夫斯基在《卡拉马佐夫兄弟》中的一句话：“无论事业多么伟大，只要引起孩子的一滴眼泪，那么我就不做。”同理，无论标榜多么高尚的事，只要个体的“异”被压制，那么我们就要斗争到底。

一课难求的真正创课，课件仅仅是“在者”，创课才是“在”。

创课后，总有人索要课件。课件是什么？课件仅仅是“在者”。“在”是自我生成的显现过程，而“在”的自我显现，就是存在本身；通过“在”的自我显现，一切“在者”才有可能“存在于世”。

在希特勒统治时期，希特勒访问意大利试图与墨索里尼结盟。当时的纳粹分子们为之拍手称赞，主张把希特勒访问所乘的飞机送进博物馆，而存在主义者则说，真正有历史意义的，不是元首乘坐的那架飞机，而是元首的“飞”，“飞”就是“在”，飞机只是一个“在者”。其实，创课才是真正的

“飞”，课件只是那架“飞机”。

天地之大，谁能体会到“我在”，谁就能找到“在”。我创，“我在”，此外在其他任何地方再也找不到“在”，而只能找到“在者”而已。这个“我在”在天地间独一无二，连“我在”成什么样子都还不清楚的时候，我却清楚地“在”了。这是天地间独一无二的“我自己”，这是本真的“我自己”，其他到处可听说的“我自己”都是非本真的“我自己”，都只能说是武断的“我自己”。其他的本真的“我自己”，也是独一无二的，也只有自己能够抓得到。

语言是有自己的生命的，而语言的生命，实际上就是把它说出来的人的生命的延伸，也是创造它的创造者的生命的延伸。可说或不可说，都是语言，说出来的话是语言，说不出的话也是语言，而且还是更奇妙的语言，更有内容的语言。当语言真正亲临存在深处，它就发出了比沉默更深邃的无言呼喊，真正喊出了存在的原型——“无”。

创课的旨归与艺术

在所有的创课教学活动中，包括习作教学创课，必然把学生连同教师自己塑造成“有素养的人”。

——题记

创课的旨归

创课是一种善待——

它是把人作为人来善待的。在所有的创课教学活动中，包括习作教学创课，必然把学生连同教师自己塑造成“有素养的人”！这才是人的真正本质与创课的真正旨归。

创课是一种追求——

它追求“不可能”的“可能”。教育既生活在现实世界，又生活在理想世界。歌德说过，“生活在理想的世界，就是把不可能的东西当作仿佛是可能的东西那样来处理”。

创课是一种欲望——

欲望是创造的起始，欲望并不意味着欲望什么，而意味着“要欲望”。只有这种欲望之火才能燃起生命的烈焰，才是创造力——物质的、精神的创造力的真正根源。

创课是一种目光——

它是一种遥远的目光，每位教师都要用距自己有遥远距离的陌生眼光来重新理性地审视自己的教学。正如真正的演员必须善于用观众看你的方式——以一种遥远的目光来看自己。

创课是一种乐观——

创课的乐观包括顺从和不顺从的可以改变的东西很多很多，这些东西是如此脆弱，它们是暂时的而非永恒的，它们更多地取决于复杂的历史偶然性，而非必然的人类学恒量。一切创造都有改变，一切改变皆是必然。我们对教育的任何认识都是一个间接的而且是无穷无尽的过程，而对象也是构建出来的。在认识的过程中，得出的结论是处处有断裂、有更新的。哪怕是手中的教参和标准答案。

创课是一种解放——

君不见，只要迈进教室，权力就无处不在，压迫也无所不在。只要齐呼“你真棒!”就觉得那没有压迫、那不是压迫？实际上那是一种被掩盖着的肯定。教育思想的任务不但是要驱除人们看不见的权力所掩盖着的肯定的因素，更重要的是要保护，保护人的反抗压制的权力，保护人的要成为不一致的权力，这是把“否定”引入了自身的权力。其实，权力在每个教师身上都是个体的、特殊的，所以，真正有效的反抗是反抗这样的微观权力，或者说，在自我变异的意义上“反对自己”，也只有这样的反抗成功，才能获得真正的解放。

真正的解放正是个体的解放，是解放你自己，是要从你已经习以为常的压迫中解放出来，这也是最艰难、最根本的解放，这样的解放不但需要勇气，而且要依靠理性。而这种解放的可能条件，归根结底是要尊重“异”。也就是说，每个人和每个人都不一样，每个人的过去和现在也是不一样的。尊重个体就是尊重个体的相异，真正的自由就是反抗任何压制个体差异的权力，追求从这些权力中解放出来的自由。

创课是一种尊严——

生命的自我创造精神，是生命自身的尊严及基本价值的真正基础和源泉。生命在模糊不定的状态中自行诞生并延绵历险，在朝向希望的道路中，生命历程曲折多样、险象环生、变幻无穷、不断创造、一再更新、柳暗花明、美不胜收。生命既坚韧、缭绕、兴盛、繁荣，又轻柔、飘荡、脆弱、袅娜。

生命靠其自身的自我创造来维持和提升其自身的尊严和基本价值。生命的本质就是不断地自我创造和自我付出，但它的创造和付出具有方向性，即有“意义”。生命，在其自我显现中，总是将其深含于自身生命基础的意向性，通过自身对生命运动的自我感受，朝着其选定的最美方向发展，生命总是自我决定其自身的发展意义及其自我付出的意义或价值。宛如一粒种子，以其自身内在的强大生命意向性，面对环绕它的特殊而复杂的关系网络世界，总是选择对它的存在和发展最有利的方向脱颖而出，并继续顽强地调整其生命生存同它的世界的关系，采取最优化的生存方向展现开来。生命唤醒生命，意味着教师艺术地自我创造，自我创造的过程是教师维持和提升尊严与价值的过程。

创课的艺术

创课艺术，意味着创课是生命自身的自我创造、自我展现和自我实现的过程。

每位创课教师，首先只有真正把握自身生命的脉动频率，只有掌握自身生命内在要求之精华，才有可能创造出富有生命力的教学艺术作品。

教学艺术作品最生动地表现出教师本人的生命特征——教师有什么样的生命状态和生活风格，他就会创造出什么样的教学艺术作品。

每个人都有他所属的和属于他的特殊世界。就这一点而言，每个人的世界都是异样的，而且是在其本身的范围内，具有无限开拓和展示的可能性。一个人的精神面貌是如此的不同，以致哪怕每个人都使用某种相类似的言辞，却可以表达出别人难以表达的特殊世界。每个人所属的世界和属于他的那个特殊世界，虽然表面看来很有限，从宏观上看，可能无法与大宇宙相比，但其内容及深度，其精神境界可能达到的广延性和维度，都可能与大宇宙相媲美。人的精神境界之维度，借助语言之多义性，语言之抽象及形象包含力和摄取力，可以扩展到任何人都难以推想的程度，也是无法为任何人所限定的。对话，就是共享他所属的和属于他的特殊世界。每一天，每一课，每一次师生的心灵对话，都是教学生命的艺术品。只有当一位教师真切地感受到自身生命的快乐、痛苦和追求理想的时候，他才能创造出真正符合其自身品位的教学艺术品。对生命无所感受、无所体验和无所忧虑的教师，不是真正的教师，他也不可能创造出优秀的富有生命力的教学艺术品。

创课，请让学生评课

学生缺席的评课，只剩下了一种声音。任何形式的存在，都不应该永远只有一种声音；只听到一种声音的存在，肯定是谎言，如果不是谎言，一定会有两种声音。

——题记

一位中国教师曾经向《第 56 号教室的奇迹》的作者雷夫提出一个这样的问题："您教语文，还教历史，还帮助学生排了许多莎士比亚的戏剧，那您究竟是教什么学科的?"

雷夫回答说："我不是教课的，我是教人的。"雷夫的言外之意是，教师要在课程的深处看到人的存在，要从教材背后、教学背后看到学生的存在。

我们怎么样看到学生的存在呢？仅仅说说而已？我以为，看到学生的存在首先要改变"学生的不存在"。譬如，无论日常课，还是公开课；无论是大型观摩课，还是校级公开课，上完课之后，往往都是领导、专家、教师在评课，唯独学生被忽视。学生是课程的核心，学生缺席的评课，只剩下了一种声音。任何形式的存在，都不应该永远只有一种声音；只听到一种声音的存在，肯定是谎言。

某次应邀公开教学《月亮 D 面的故事》后，我请借班上课的班主任组织学生对我的创课进行书面评课。

一位叫沈晗的同学写道：

皎洁的月亮是多么美丽，令人有着无限的遐想。可人们不知的是月亮背面的故事。在孙建锋老师的公开课上，我们了解了更多与月亮有关的故事，而最打动我的就是那《月亮 D 面的故事》。

其中有一位孤单的老人独自住在月球上。在圣诞节前，有一个女孩用天文望远镜看到了她。女孩想让老人不再孤独，她想方设法，最终在圣诞节那天把一个望远镜送给了老人，让老人感受到了爱。

这个故事的结果震撼了我。我喜欢小女孩的努力，她能够坚持不懈地为一个与自己毫不相干的老人倾尽全力，排解老人的孤寂，使老人感受到了人与人之间的温暖。我认为人与人之间就要这样：在寂寞时陪她说说话，在难过时给她一声问候，在黑暗时给她一束光亮。也许因为你的一句话，一丝光，就会将另一人的人生彻底改变；也许有你的陪伴就会让另一人从深渊中走出来。只要这个世界充满爱，那么就不会再有人孤独。

《月亮 D 面的故事》是一盏不灭的灯，永远照亮我的内心，那个点灯人，就是孙建锋。

另一位叫邵艾的同学写道：

“月亮很美，可你知道吗，月亮的每一面，都有一个充满智慧而美丽奇幻的故事。”从深圳来的孙建锋老师这样说。今天，新的老师，新的故事，造就了焕然一新的课堂，给我带来了全新的体验。

课刚一开始，老师就做了一件让我们匪夷所思的事——让我们大声喊出他的名字。我们一开始都不好意思，支支吾吾半天才用蚊子大小的声音哼出来。老师说：“好像没有吃饭！”我们面面相觑，不知道老师为什么要让我们大声喊出他的名字。这时不知是谁领了个头，“孙——建——锋——”三个大字响彻整个教室。此时我相信在场的每一位同学都会感到一股暖流传遍全身，我们都觉得眼前这位陌生的老师，仿佛和我们成了知己，成了忘年交。

不过今天的课堂中，最打动我的，也是与以往大不相同的，是老师对我们创新的肯定。在讲月亮 B 面童话时，孙老师抛给了我们一个问题，让我们说说读了这篇童话后自己的感受。孙老师弯下腰，把话筒依次放到每一位同学的嘴边，前面的同学问了“为什么扫星星？”“接下来会发生什么？”之类的问题，老师都点了点头，说每个人的想法都可以不一样，眼看就要轮到我了，忽然间，一个想法跃入了脑海：动物界有一种怪圈，是一种旋风形小洼。蚂蚁一旦步入这种怪圈，便陷入了死循环，一圈一圈地走，难以摆脱，直至死亡。而我们现在，也正是滑入了这种怪圈，我们不断地思考这篇童话，导致观点重复，思维僵化，在这怪圈里做无助的循环。现在我要做的，就是跳出这个圈，不再就事论事……我大胆地举起手，自信地对着话筒说：“我们要学会创新，童话中的儿子敢于突破前人的规则，创造了新方法，仅需用锤子轻轻一敲大星星，大麻烦就解决了。”刹那间，我从孙老师的眼神中看出了惊喜、肯定与赞赏，还有鼓励。孙老师带头为我鼓掌，说：“这就是创新思维，这也是成才的关键所在。将来这位不人云亦云另辟蹊径的女同学一定能有所成就！”

不知是因为被表扬了，还是因为兴奋，我的脸热烘烘的，心怦怦直跳。学习的兴趣被点燃，回答问题一个比一个精彩。整整上了一个小时的课，要在以往，可能会觉得十分冗长，可今天我却有一种意犹未尽的感觉。不是我不知足，我真想让时间倒流，让我再享受这来之不易的鼓励。

不一样的老师，不一样的故事，不一样的课堂，给我带来了不一样的体验和感受。最值得赞扬的，是不一样的教学方法与思维模式。这堂课，通过童话般的教学让我懂得了，真正的学习，是一种个性化、智慧化，带有创造性的学习。

下课了，孙老师一个转身离开了，我却要用一世的时间去忘记。恐怕再努力，忘记他和那《月亮 D 面的故事》都很难！

创课《月亮 D 面的故事》时，我珍惜和学生在一起的每一秒时光，在读学生的评课时，我感觉彼此都有了新的成长。比创课更美好的是被学生评课。

有人或许会问，学生评课有什么用呢？

一次，在南极考察的作家毕淑敏听到一阵笛声，她说：“我不知道这是什么曲子，也不知什么人有闲心在这旷莽南极冰盖上吹奏小调。甚至怀疑自己是因为无涯的白色而出现了幻听。”

后来，她知道是当地人乔纳森所为，问他吹给谁听？“抱歉，我其实不是吹给人听的，是吹给南极的冰雪和企鹅听的。”老汉乔纳森迟疑了一下说。“您吹的是什么歌曲呢？挺好听。”毕淑敏问。“英格兰民谣，叫《吹向南方的风》。”乔纳森答。真是个怪人。一大老爷们儿，南极冰天雪地中，又绣花又吹笛子，吹的还是《吹向南方的风》！从这里往南再往南，就是南极点了。他吹给冰雪和企鹅听有什么用呢？

是啊，就像这些孩子评课评给孙建锋老师听，有什么用呢？

乔纳森的歌曲，南极的冰雪和企鹅听懂了，他的歌魂与南极交融了；孩子的评课，孙建锋听懂了，他的课魂和听课的孩子灵魂合一了。

“其实不是吹给人听的”——不是为了人夸声音好的；“其实不是‘评给’别人听的”——不是为了评课而评课玩噱头的，而是为了转向自身，问心无愧，给自己的心吹的，给自己的心评的。谛听学生评课，宛如聆听乔纳森《吹向南方的风》，那是心灵与心灵的对话，它使得我们能够珍惜所处的“当下瞬间”，在当下瞬间中，就能看到世间所欠缺的一丝光明，看到自然原有的辉煌，看到生命的希望之光。

第二章

说课

每一个不曾创造的日子，都是对生命的辜负

——《行动，才是最伟大的》创课之说课

在创课看来，每一个不曾创造的日子，都是对生命的辜负！行动，是创造的前提。创造的行动，才是最伟大的。

——题记

在我看来，创课是诗。它姓真。真，美！

创课之真的朴素自觉，始于2001年的一天，接到评选特级教师“考评课”通知——正在北京参加全国骨干教师学习的我，连夜赶回江苏老家。次日，带着火车上完成的备课教案，借班上课……“宁可评不上，也不上对口型的课”，我破釜沉舟且一意孤行。友人为我未走“保险”的路暗自捏了把汗。然而未曾想“偏执”与“莽撞”竟然成了创课的“胚胎”。

多少年来，从长白山到五指山，从青海到上海的公开课，我都走在追求从朴素自觉到高度自觉上真课的创课之路上。

杨现民教授撰文：“孙建锋在题为《创课·创客》的文章中首次提出了‘创课’概念，随后，又发表了题为《有一种课叫‘创课’》的文章。”美誉我是创课的首提者。

何为创课？

创课，就是把教学思想化为教学现实。其核心：“思想+现实”；其表征：从0到1，而非1到N（前者是首创，后者是克隆）；其环节：创思想、创教材、创设计、创教学、创反思、创发表（六创一体、一体六创，循环往复、螺旋上升）；其测评：创思想——“真”，创教材——“做”，创设计——“好”，创教学——“美”，创反思——“妙”，创发表——“空”，即“思想真‘真’、教材真‘做’、设计真‘好’、教学真‘美’、反思真‘妙’、发表真‘空’”；其奥义：真字挂帅，统摄整体。

创课姓真，为什么？

千教万教教人求真，千学万学学做真人。

何谓“真人”？

“古之真人，其状义而不朋，若不足而不承；与乎其觚而不坚也，张乎其虚而不华也……滀乎进我色也，与乎止我德也，广乎其似世也，謷乎其未可制也……”

《庄子·大宗师》悬想理想中的“古时真人，他的形体高大而不崩坏……态度安闲自然，特立超群而不执着顽固，心胸宽阔虚空而不浮华……容颜和悦令人喜欢接近，德行宽和让人乐于归依，胸襟恢宏宛如宽广的世界，高放自得从不受什么限制……”

为什么要求高大上的真人？

一个人的精神越伟大，就越能发现人类具有的创造性。

今之“真人”，除了要仰望星空，还要脚踏实地——下床、穿鞋，扛起锄头——“创课”南山下，戴月荷锄归。

真创课

真创课，意味着以“真人”的情怀，较真儿地创理念、创教材、创设计、创教学、创反思、创发表。

2016 年 5 月 28 日，我应邀到四川遂州外国语小学现场创课——《行动，才是最伟大的》。此举，非为显示“我是创课的首提”，也非为招徕创课者的追慕，而为“哪怕一个人，也要走成一支创课队伍”的坚持。于是，这节课像我十几年来以往任何一次创课一样，真实，以“处女课”面世。

那里，广阔的蓝天和奔腾的涪江，纯真的孩子和真诚的老师，构筑了一个没有任何人为强制性权力存在的“零点场域”，为《行动，才是最伟大的》创课，提供了飞天梦地、纵情驰骋的合适条件，提供了绝对自由的精神空间，使我连同那一班上课孩子的生命回归到天然的本初状态，让我们尝到令人刻骨铭心和细致入微的爱与感受，促使每一个生命都舒展出含苞欲放的各种原始创作动力，既轻松又沉重，既懵懂又笃定，既浪漫又务实，陶醉于自主开辟的创课天地，享受着创课带来的无限可能的景观。

【片段一】

师：请读一读课题。（PPT 出示）

生：《行动，才是最伟大的》。

师相机请一名学生板书英语单词 try。

师：你不愧是遂州外国语小学的学生，单词书写流畅，字母飘逸洒脱。高兴吗？（生微笑颔首）用一个英语单词表达你的心情。

生：happy。

try，行动。这是板书单词，更是包含“表现自我大于他人”意味的行动。行动促成学生自我实现，自我实现给学生带来难以名状的高峰体验，故此，学生很happy。身心合一的创课细节，看似无为，却有为——双语融合；看似有为，却无为——不为考试。无为而有为，有为而无为收获的是“一举三得”——既有创真课的过程，又有创真课的效果，兼有创真课的评价，三者浑然一体，自然而然，如水上写字，不留痕迹。

【片段二】

师：当你遇到“红红的”，怎么办？

（播放小视频：一教师教一年级小朋友读“两颗星星黄黄的”，重复教了很多遍，小朋友依然把“黄黄的”念成“红红的”）

（那时那景，逗得学生哄堂大笑）

师：初看，是心疼的倔强；回眸，是欲泪的心软。没有包治百病的良药，没有包打天下的教法，但有“从 0 到 1”的首创。你愿意做“从 0 到 1”的首创，来教教这位小朋友吗？

（有 4 位学生争先恐后上台）

师：请你们到台下约老师一起合作教教这位“红红的”。

（应邀上台的有 2 位校长、1 位老师、1 位记者，连同 4 位学生，一共“8 位老师”。我扮演“红红的”。先是 4 位学生老师教我读“黄黄的”，他们不厌其烦地领读，读得我口干舌燥；再是 4 位应邀老师教我读“黄黄的”，他们又是“写拼音”，又是“做口型”“辨粉笔”，最终我还是“涛声依旧”）

……

师：也许多一扇视窗，就多一个世界；多一个头脑，就多一重生命体验。

他山之石，可否攻玉？

（播放小视频：国外体育课上，面对一个下肢健全、上肢残障的绿衣男孩，体育老师“以长带短”，让他用脚踩运动小车后面托着的一个布片，他每踩到一次，就快乐地手舞足蹈。数学课上，仍然是这位绿衣男孩，残障的上肢较不能清楚发音的嘴巴有“优长”，老师“以长带短”，不是让他读出“9÷3”，而是让他在平板电脑上用“手”指，指成功了，他就高兴地“耶”！）

师：常言道，在哪里跌倒了——

生：就在哪里爬起来！

师：不！（出示PPT）换个地方爬起来。因为你的能力根本就不在那里。或许，改头换面，“以长带短”，就会柳暗花明。

（观看视频之后，现场邀请两位老师：一个着黄色上衣，一个着红色上衣。请她们和同学再次合作共同“教我”。整个“教学团队”依然固守口口相授的办法，耐心教我读“黄黄的”……自然结果是无效的）

……

一位教师不能上出比他自己更真实的课了，因为他是从自己拥有的思想高度来上课的。他没有站在高跷或者梯子上，他只是光脚站立着。上文案例，两轮“教学”，都是在“光着脚”苦口婆心、不厌其烦地教，尽管后来提供的国外残障儿童教学的小视频可以借鉴，但“他山之石”，依然无从“攻玉”。“老师们”拥有同一性的教法——口口相授；拥有同一性的信奉——“铁杵磨成针”；拥有同一性的思想——注射灌注；拥有同一性的耐心——“黄黄的”虐我千百遍，我待“红红的”如初恋。这种“同一性”的思想遮蔽了学生的差异性，同时也泯灭了自己的个性，其自主性与创造性完全退场，人人都变成了被赋予思想的石头。

何因？如果说上文案例的现场教学是一种“存在”，我们所追寻的应该是本体论中“最近之因”的“最后之因”，也就是最后原因和最终根据——人往往有固守心理与保守思想，喜欢从经验到经验，不喜欢无经验创经验，总以为轻车熟路好过改弦更张，完全没有必要改变思想。上例不自觉地佐证了美国经济学家加尔布雷斯说的“当人们面临改变思想和证明没有必要改变思想的选择时，人人都在忙着证明后者”。由于人们受各自背景文化的支配，主动舍弃了对“最远之因”的深度追问。即便有人对“最后之因”有所“发现”，人们的第一反应不是警觉而是恼怒，阿克顿勋爵说，“几乎没有什么发现比那些揭示了观念根源的发现更令人恼怒的了”。“恼怒”令人烦恼，帕斯卡尔说，“一个跛脚的人并不使我们烦恼，但一个跛脚的思想则使我们烦恼。跛脚的人承认我们走得正直，而一个跛脚的思想却说跛脚的乃是我们自己”。一个“农耕教学时代”的结束首先是从“农耕教师”的头脑中结束；一个充满希望的教学时代到来之前，同样也在教育者的思想中显示了它光明的未来。

【片段三】

（播放金沐杨背π的小视频）

师：观看了小视频中金沐杨流畅背诵π，你怎么看？

（许多同学为他惊人的记忆力点赞）

生：尽管他记忆力好，能背诵π小数点后面的一百多位数字，但我觉得没有多少实际意义，因为那是一种死记硬背。

师：（出示PPT）学生朗读——

生：π是一位真神，说它是真神是因为现在的超级计算机虽然能将π精确到小数点后的12411位，但后面无穷个数字，假如像金沐杨这样1秒钟可以读2个阿拉伯数字，那么他日夜不停地读完这个π的数值要用的时间是3万年。

师：你怎么理解这段话？

生：这段话用数字说明在计算机时代，死记硬背作用不大。

……

师：如果你是校长你怎么教金沐杨呢？

（生一时难以回答）

师：π可以化身为美妙的音乐，你想欣赏吗？

（播放一段用π谱写的钢琴曲）

（学生听得津津有味）

师：数学仅用了10个阿拉伯数字和若干符号，便造就出一个无限的、真的世界；音乐仅用了五条线和一些蝌蚪状的音符，便造就了一个无限的、美的世界；互联网仅用一个“+”号，便造就了一个无限的、平等交流的世界——

（学生先图文阅读：一个喜欢数学的6岁深圳男孩，在互联网上学习，获得了中国MOOC大学计算机课程合格证书，这在全国是首例。再视频欣赏：全息计算机突破显示屏的限制，让人遨游于不同时空的壮观景象……）

生：看了上面的故事与视频，再看金沐杨，有点“伤仲永”的感觉。因为今日的男神，如果不能够找到适合他的教育，那么明天我们只能“伤仲永”。

当许多同学在为金沐杨惊人的记忆力点赞的时候，有个同学却“伤仲永”——不希望死记硬背。尼采在《出自一次博士考试》一文中指出：“一切高等教育的任务是什么呢？——把人弄成机器。怎么做到这一点？——通过责任的概念。谁是他这方面的典范？——那个语文学家，他教人死记硬背。”这仅仅是在指陈高等教育的流弊吗？

“如果你是校长，怎样教金沐杨？”教学中抛出这个开放性的“大”问题。接着拓展阅读喜欢数学的6岁孩子网上学习拿到中国MOOC大学计算机课程合格证书的故事，欣赏用π谱成的优美的钢琴曲与全息计算机人机互动的小视频，广角的背景拓展、多维的视野观察，潜移默化地唤醒：学习不仅是给一条鱼，也不仅是给一张网，而是把学生引到渔场，准确地说是引到水域辽阔的生态渔场，持续不断的渔猎将在那里发生……

【片段四】

（小视频：新学期入学第一天，记者采访一年级小朋友，问他们的理想是什么？大家七嘴八舌地说要当科学家、画家、医生、老师……这时，一位戴眼镜的女孩微笑着说：“要做贪官！因为贪官有很多钱！”）

师：一夜间，视频在网上“蹿红”，校长要求班主任找女孩的爸爸妈妈“谈话”——

（一名学生扮演班主任，现场请了一男一女两位听课老师扮演家长）

班主任：两位家长，你们家孩子，在家是穷养还是富养？

爸爸：这个穷养和富养的标准是什么？

班主任：富养不一定是人们所说的那种买奢侈品，或从小带在身边出入高档场所，富养只是一种标准——告诉孩子，咱们家并不是需要你去做什么出格的事，譬如，依靠他人，或者做一些违法的事。而穷养就是不停地向她索取，不停地向她灌输长大后要对我们负责之类的，然后你必须怎么怎么样的。

爸爸：她在我们家必须要做事啊，这跟穷养富养没关系，必须得做事，不做事，我就要揍她。

班主任：可能就是你这种思想导致她有这样的想法。

师：（相机插话）这就叫——

班主任：养不教，父之过。

妈妈：要做贪官肯定是不对的。如果孩子有这种想法的话，我们先要去了解她为什么有这种想法。

师：（插话）妈妈通情达理。

爸爸：她要当贪官肯定是不对的。

师：爸爸也醒悟了。

班主任：你怎样跟孩子谈呢？

爸爸：想挣很多的钱，这没有错。但是你想通过当贪官去捞很多钱，这个是错误的。

妈妈：滴自己的汗吃自己的饭，贪官贪钱牢房见。

“学生扮演班主任与现场听课老师扮演家长”的情境创设，像是一粒新鲜的种子，播在“对话”的土壤里。假如班主任“两位家长，你们家孩子，在家是穷养还是富养”的话为1，爸爸的“这个穷养和富养的标准是什么”的话也为1，他们之间的对话的果实就是“$1+1>2\approx3$”。这个“≈3”就是“富养不一定是人们所说的那种买奢侈品，或从小带在身边出入高档场所，富养只是一种标准——告诉孩子，咱们家并不是需要你去做什么出格的事，譬如，依靠他人，或者做一些违法的事。而穷养就是不停地向她索取，不停地向她灌输长大后要对我们负责之类的，然后你必须怎么怎么样的”。说它是“≈3”，因为这是个不断逼近“真”的新生成的3，它使对话有了进一步延展和深入的空间。在这个空间里可以经由再度对话不断生成3，这个3又可以看成是新生成的1，1又是下一轮对话的“种子”。新的3不断生成的过程，就是无限逼近“真”的过程，也就是学生思维的深度与广度不断拓展，核心素养的健全与完善不断实现的过程。其实，教学本来就是精神的邂逅与生命的对话，充满了偶然与新奇，经由师生共同携手打造的生命对话的精神探险之旅，既平实又浪漫，既艰辛又刺激，既困惑又诱惑。每一次对话探索的终点都是下一次对话探索的起点，前后的衔接和起承转合都生机勃勃、气象万千，在情感与情感的对话中产生情感的共鸣，在智慧与智慧的对话中发生智慧的裂变，在真理与真理的对话中绽放真理的光明。对话的力量当仁不让清空了每个对话者思维硬盘中的垃圾信息。

创课真

创课真，与其说是真创课的愿景与鹄的真，创真课的秉持与操守真，不如说是师生同创的“存在”与“存在者”真。一如《行动，才是最伟大的》收课：先是学生全体起立“展翅”齐诵，再是学生全体站到凳子上“展翅”齐诵，然后是师生共同站到课桌上“展翅”齐诵——“每一个不曾‘起飞’的日子，都是对生命的辜负!”这一不断展开、不断生成，不受既成不变的牵引、规定与限制的创教过程，就是创课真。那一刻，我怂恿学生一起高高站到课桌上，以真实的存在来和学生相遇，学生也以同样真实的存在回应老师。彼此的根紧握在地下，叶相触在云里……“每一个不曾‘起飞’的日子，都是对生命的辜负”！每次齐诵，都宛如一阵智慧之风吹过，彼此点头致意，在真实的土壤中，教师和学生的精神生命在共同生长，彼此见证。在哲学家看来，创课真是指创课的显现、在场，即“存在”，不是指具体的、现场的某一种创课，即“存在者”。创课真是一种“存在”，没有“存在”的前提，没有“存在”的过程，没有“存在”的事实，就没有“存在者”。“存在”是“存在者”的根据与前提，“存在者”是“存在”的结果和呈现。

如果说创课真是“存在”，创课是“存在者”，那么创课者就是“存在者”独特的“存在者”——“此在”。所有的“存在者”，只有通过“此在”的介入才能得以呈现其生命，实现其意义，体现其价值。再回到《行动，才是最伟大的》一课收尾，作为“此在”的师生在课桌上“站成一幅画，站成一组雕塑，站成一部经典，站成一首绝唱”的澄明，使得创课这一真实的存在释放了创课的真意——每一个创课者都是创造者，每一个创造者都和原来的自己不再共有一个意识，成为自己观念的变革者，使自己由现实的人向着理想的人跃迁，由此，诞生了一个个高出于己的伟大创造者——他仿佛创造了一个别样民族并给他们高悬了一个信仰与一个爱。那一刻，创课者不仅全然享受到了创课真，而且成为真正意义上的创课真人。

放手，才是真正的爱

——《邀非老师到课堂来》创课之说课

我们的创课教学要跨界组合，要多邀请“非老师”进课堂，不停超越生存障碍，永不满足地实现生存环境的更新，生命才能克服原先的欠缺，不断地弥补其生存中所感受的“不满”，填补其部分的“空白”，也补偿其消耗的部分。

——题记

创课是诗。美！2015 年 9 月 19 日，我在山东省德州市进行习作教学创课《邀非老师到课堂来》，希冀不断创造美！

创课美在有魂

在我看来，创课除了要有一定的“时度”与“效度”外，还要有一定的“质度”与“向度”。这个质度与向度就是创课之魂，换句话说，就是创课的美之所在。

“质度”指的是创课的灵魂，创课的灵魂在其“微妙”。

“微妙”之“微”意味着课要精细入微，“微妙”之“妙”则意味着课要妙趣横生。

创课《邀非老师到课堂来》的教学文本——2 分 22 秒的《鸭妈妈教小鸭子》和 3 分 8 秒的《黑雁妈妈教小黑雁》是精细入微、妙趣横生的，教学实践证明，学生喜闻乐见，看得目不转睛，品得津津有味，写得畅快淋漓。《邀非老师到课堂来》创课的教学过程是精细入微、妙趣横生的，学生从写句到“造段”再到“出书”，个个奋笔疾书、人人畅所欲言，习作倚马可待。《邀非老师到课堂来》创课的教学艺术是精细入微、妙趣横生的，浸润其中不仅学生觉得教学情趣盎然，观课的老师也有强烈的心理冲击与曼妙的精神享受。

如下是德州市一位老师观课后发来的微信——

9月19日，一个偶然机会，听到特级教师孙建锋一堂习作教学的创课，激起了一个教学不求上进、有些职业倦怠的我，数次回忆起那个创课课堂的精彩环节。

譬如，创课导写，让学生从写一句到写一段话，从写一段话到编“一本书”，由浅入深，循序渐进，水到渠成——实在。导评，激发学生从谁先站起来评到谁先来到讲台前评，从最先只有三个学生主动上台评到一群学生争先恐后蜂拥而上评，学生的热情一浪高过一浪。评写，从鼓励学生“化用创新”，到“怂恿”学生站上凳子，从老师蹲在学生身边，到学生依偎在老师身旁，课堂评价随机生成、创意无限——灵动。导向，“放手、等待、鼓励”是大爱，“不教而教”是大教。观孙建锋创课之中赏心悦目，观孙建锋创课之后醍醐灌顶——大气。我想，学生应该感谢孙老师，家长应该感谢孙老师，教师应该感谢孙老师！因为这是一节有思想力、有行动力、有创造力、有感染力、有恒久力的创课！实乃习作教学公开课中的精品。它有魂啊！给在场观课者留下了深刻的印象！

感谢这位不知姓名的观课老师的微信评议。

我回复道：“更加精细入微而又妙趣横生的创课还在下一个路口等我。《邀非老师到课堂来》的创课还在路上……”

创课美在有人

创课的人在哪里？

回答这个问题考量的是创课的“向度”。

为了上课而上的课，往往是“人在课中”；为育人而上的课，常常是“课在人中”。“课在人中”，是创课自觉追求的向度。

请看下面的教学片段。

师：同学们目光炯炯、自信满满，精神面貌真好！

（孩子们一听，顿时明眸生辉、气宇轩昂、劲头十足！）

师：我们迎来了一个好时机——“邀非老师到课堂来”，请他们上一些好玩的课给大家看。你们喜欢吗？

生：（响亮作答）喜欢！

师：“邀非老师到课堂来”，你是怎样理解的？

生：这“非老师”，可能不是一般的老师吧！

生：“邀非老师到课堂来”，上的不是普通的课。

生：我认为“非老师”也许不是一个真正的老师。

师：大家都有自己的理解与看法，这是勤于思考的结果。大家想不想看看“非老师”是怎样上课的？

生：（充满期待）想！

师：我们一同走进第一课——《鸭妈妈教小鸭子》。

（生吃惊的表情）

师：看过《鸭妈妈教小鸭子》吗？

生：（摇摇头）没有！

师：一定想先睹为快吧！《鸭妈妈教小鸭子》这一课一共 2 分 22 秒，每一分钟都很奇妙，每一秒钟都很养眼。你打算怎样观看这一课？

生：珍惜每一分、每一秒。

生：用自己的眼睛去看，用自己的心去想。

生：我会带着自己的疑问去看。

师：怀揣不同的动机观看，自然就会看出不同的理解。用孩子的眼睛观看，以孩子的心去想，一定能看出童真、童趣！下面，有请鸭妈妈闪亮登场——

（播放微电影，主要讲述了鸭妈妈站在台阶上等着小鸭子自己上台阶。小鸭子们经过多次努力，才上了第三个台阶，最后一只小鸭子在经过了六次尝试后都没有成功……）

（生目不转睛地观看微电影）

师：如果说我们的学习也像上台阶，那么小鸭子上台阶给我们学习的启示是——请写一句话，时间 2 分钟。

（生奋笔疾书）

（2分钟后）

师：让我们一起交流，共同分享。

生：如果说我们的学习也像上台阶，那么小鸭子上台阶给我们学习的启示是，做任何事情只要坚持不懈，最终一定会成功！

师：很励志的一句话！写出类似意思的同学请起立！孙老师把一份“礼物”（一个信封）送给你们，请她（刚刚读作文的学生）代为收下，课后与你们共同分享，这份礼物与“坚持不懈做事”有关系。

接着，让我们听听第二种写法，第二种声音。

生：小鸭子上台阶和我们的学习一样，要成功都要靠努力、靠汗水。

师：是的，小鸭子每跳上一个台阶，我们学习每取得一点进步，无不需要付出辛勤的汗水！

还有第三种声音吗？

生：无论做什么事，都要靠自己的努力才能成功，不能依靠任何人！

师：哪怕是——

生：自己的爸爸妈妈。

师：滴自己的汗，吃自己的饭，靠天靠地靠父母不算是好汉！

第四种声音——

生：一口吃不成大胖子，学习不要急于求成，要一步步来，谁都不能一步登天！

师：一步步来，一个个台阶上，最后“一步登天”了，丑小鸭也变成了——

生：白天鹅！

师：小鸭子上台阶给我们学习的启示多多……你们每写出一句启示，每读出“一种声音”，都上了一个台阶……给自己不断攀登新台阶鼓掌！

（生鼓掌！）

师：如果说老师教学生就像鸭妈妈教小鸭子上台阶一样，那么老师应该从鸭妈妈那儿借鉴一些好的教学方法——

第一……第二……第三……请写一段话，时间10分钟。

（生快速行文，师巡视指导）

（10分钟后）

师：请自告奋勇，让我们一起分享你的精彩习作！

生：如果说老师教学生就像鸭妈妈教小鸭子上台阶一样，那么老师应该从鸭妈妈那儿借鉴一些好的教学方法。第一，学生有问题，能自己解决的就让他自己解决，既不要把他“拉上台阶”，也不要把他“拖上台阶”，更不要把他“抱上台阶”。第二，有困难让学生自己去克服，风雨过后总会见彩虹。第三，耐心等待学生，允许他们摔跟头，允许他们犯错误。每个跟头，每次错误，都是美丽的。

师：你贵姓？

生：宋。

师：宋老师是孙老师的老师，因为你教给我一个金句——“每个跟头，每次错误，都是美丽的。”你的语言闪闪发光，你的智慧熠熠生辉！聆听你的习作是一种精神享受！

（热烈鼓掌！）

生：我跟他写的不一样，不是按第一、第二、第三，而是概括成一句话。

师：不拘一格，请讲。

生：我看到鸭妈妈这位老师，只是站在最上面的平台上等待小鸭子，鼓励它们一个个上台阶。

师：你哪里听到鸭妈妈鼓励的声音呢？

生：我是心里感受到的。

师：心有灵犀一点通！

（掌声！）

生：第一，好老师是让学生自己去努力、自己去实现、自己上台阶，老师只要耐心等待。

师：没有耐心等待，好多一下子上不了台阶的就会“失败”！

生：第二，老师要像鸭妈妈一样营造一种氛围，让“小鸭子”互帮互助。

师：小鸭子有互帮互助吗？

生：看到前面的跳上去，后面的在追赶。

师：哦！第一个上去的小鸭子给第二个上去的做了榜样，第三个上去的受到第二个上去的鼓舞，他们在精神上互帮互助！是吗？

生：嗯！

师：我懂你！高兴吗？

生：高兴！

师：接着读。

生：第三，好老师相信学生能行！

师：说你行，你就行！孙老师送你一份“礼物”（一个信封），请课后打开与同学们分享。

……

以上教学片段启示我们，创课之“课在人中”含义有二：一是通过创课，老师要发现并体会认识到自己作为一个生命个体——人的存在。这个人，在创课中不再是一个教者，更是一个“学”者—— 一个向学生学习的“学”者。这样的“学”者要有一种自觉的意愿，努力把自己“教”成一个学生，把自己教回课堂，把自己教回童年。二是“课在人中”的人是儿童。儿童是我们的过去完成时，那时我们也像儿童一样自然。因此，当我们与儿童一起在课堂时，看到他们的自然状态，就会让我们回忆起自己的过去，进一步看到我们身上的不自然。愈发现我们身上的不自然，愈觉得儿童带给我们的是感动。我们感动，并不是因为我们有力量，并不是我们已经完善，并不是我们可以站在一定的高度俯视儿童，而是因为我们的境遇受到限制，我们已经被规定，儿童却没有被规定，还有无限的可能性，他们不受任何限制，可以童言无忌，可以随心所欲、直抒胸臆。因为孩子不能写出比他自己更真实的东西了，所以，儿童的习作中哪怕是一个新词，一个新句，都仿佛一粒粒新鲜的种子，播在本真的土壤里，令人感佩。儿童那纯洁的自由的浪漫的想象，那天真无邪、完美无瑕而又前途无量的想象，没有人不觉得他们是美好的。

只有这样的美好，才能发现鸭妈妈不教而教，“不教”是它没有说一句话，没有做一个动作，没有提任何要求；“教”是说它给了孩子一个宽松的环境，让它们“跳”，让它们自己教自己。与其说这是他们在习作中的一种了不起的发现，不如说这是他们在用儿童的语言跟非儿童的语言作斗争，以理念的伟大摧毁经验的伟大！在这样的语境与文化中成长起来的人，即便在感性的判断中可能失去的东西，在理性的判断中一定会赢回来。

创课美在有心

再请看下面一个教学片段。

师：邀请到我们课堂来上课的“非老师”，不仅有鸭妈妈，还有另外一位。想见一见吗？

生：想！

师：让我们一同走进第二课——《黑雁妈妈教小黑雁》。这节课 3 分 8 秒。你做好观看的心理准备了吗？

生：用心去看，因为这是十分罕见的。

师：让我们用心去看，走进那精妙绝伦的教学场景。

（观看微电影，主要讲了黑雁妈妈让孵化不久的小黑雁从 90 多米高的悬崖上跳下，自己去寻找食物。在高高的悬崖上，一只小黑雁凌空一跃，向下坠落，身体多次摔在峭壁上……最后，“咚”的一声着地，这时，等在下面的黑雁妈妈一声长鸣，扇动翅膀扑了过去……小黑雁抖一抖绒毛，站在了妈妈身边……）

（生聚精会神地观看）

师：《黑雁妈妈教小黑雁》仿佛一块磁铁，深深吸引你的眼球，磁化你的心。你愿意为谁点赞呢？并写出理由来。

我为________点赞，因为________。

（生迅速用笔说话）

（3 分钟后）

师：愿意到讲台来展示的，请——

（生争先恐后）

师：哇，这么多同学踊跃交流，按照先后顺序吧。

生：我为小黑雁点赞，因为它勇敢地从 90 多米高的悬崖峭壁上跳下，置之险地而后生，令我感到震撼！

师：以前听到的词语是置——

生：置之死地而后生。

师：他改动了一个字，灵活化用。这就是创新！给予掌声！

（生鼓掌！）

师：我们在习作中，在遣词造句的时候，可以巧妙地化用词语，让人耳目一新！你是创意的代表，这里只需要把“险”加上双引号，别人对你的化用就会心领神会了。

生：我为黑雁妈妈点赞，因为她的爱是大爱，她懂得生存是没有办法教的，而现实生活是残酷的，小黑雁跳下来有可能摔死，也有可能存活，但待在悬崖上只会饿死。

师：请你站到凳子上去。不害怕吧？

生：不害怕！

师：（这时，师快速移动到离这位同学最远的后排两位同学身边，问他们）她说的什么？

生：（男生）我为黑雁妈妈点赞，因为她的爱是大爱，生存是没有办法教的，而现实生活是残酷的。

生：（女生）生存是没有办法教的，而现实生活是残酷的，小黑雁跳下来有可能摔死，也有可能存活，但待在悬崖上只会饿死。

师：请你（那位高高站在凳子上的女同学）回头看，你有两个朋友：一个女朋友，一个男朋友。当你读习作的时候，他们无论坐多远，都认真聆听你的声音，记住你美丽的话语！

生：谢谢！

师：你两眼放光，童真真美！你愿意把你的习作再读一遍吗？

生：我为黑雁妈妈点赞，因为她的爱是大爱，她懂得生存是没有办法教的，而现实生活是残酷的，小黑雁跳下来有可能摔死，也有可能存活，但待在悬崖上只会饿死。

师：如果时光能够倒流，我期望我有一个能这样开启我心智的妈妈！时光飞驰，有一天，你也会为人母，你会教给你的孩子什么？

生：生存是没有办法教的，而现实生活是残酷的。

师：我感佩你的灵动。这是赠送你的“礼物”（一个信封），课后与大家分享！

师：观看了两段小视频，我发现鸭妈妈和黑雁妈妈都是教学高手，它们的教学有相同之处—— 一是……二是……三是……，请写一段话，8 分钟完成。

（唰、唰、唰，一个个笔尖在纸上自由舞蹈……）

（8 分钟后）

师：（躬身、微笑面对两位比肩而坐的学生）你有一个苹果，她有一个苹果，你们互相交换各自的苹果，最终每人有——

生：一个苹果。

师：你们的习作互相交换，读了后，每个人获得了——

生：两篇作文。

师：好！我们彼此交换习作，相互欣赏！

（生交换阅读）

师：自由读习作，共同分享。

生：两位妈妈都是教学高手，它们的教学有相同之处：一是鼓励，鼓励孩子自己尝试上台阶、跳悬崖；二是放手，放手让它们努力去做，一次次摔倒在台阶下，一次次碰到崖壁上，妈妈都视而不见，真正地放手；三是大爱，大爱是为了孩子的生存，让孩子在跳上、跳下中学会生存的本领。

师：你觉得他的习作——

生：鼓励、放手、大爱，概括得很准确！

生：我认为改为放手、等待、大爱，既准确，又上口。因为鸭妈妈在平台上“等待”，黑雁妈妈在悬崖下“等待”，“等待”是它们教学的共同之处。

（鼓掌！）

生：妈妈们都是放手让孩子自己去做，它们明白只有付出，才有收获！

师：放手、付出、收获！多么励志、多么哲理的语言！真好！

生：一是两位妈妈让孩子通过自己的努力，创造自己的未来；二是两位妈妈懂得不经历风雨怎能见彩虹的真意；三是两位妈妈让孩子自己领略生活的真谛。

师：像个男子汉，读得铿锵有力！三分写，七分读啊！敢于到讲台来读吗？

（生蜂拥而上）

师：我们蹲下来，慢慢欣赏……

（同学们依偎在老师周围）

师：（把话筒送到对面的一位同学跟前）请——

生：我发现两位妈妈教学的共同之处是不教而教，“不教”是它们没有说一句话，没有做一个动作，没有提任何要求；“教”是说它们给孩子一个宽松的环境，让它们“跳”，让他们自己教自己。不教而教是大教，就像孙老师，没有教我们具体写作文的方法，但是我们却从中学到了很多种方法。

师：你不是在表扬鸭妈妈和雁妈妈，你是在委婉地表扬——

生：（齐声）孙老师！

师：（诙谐地）你真会“拍马屁”！

（热烈的掌声与会心的笑声交织在一起）

请大家轻轻地回到座位去……

（生悄悄地回到座位）

师：请看，孙老师带来了什么？（两张粉色的A4纸，纸的上面印有“邀非老师到课堂来”，下面是德州市________学校六年级__班合著）这是书的封面，请把你们的习作集中在一起（按照课堂的习作展示过的和未展示的分成两部分），我们装订成书。

[两名学生代表落款德州市黎明学校六年级（4）班合著]

师：祝贺自己出书了！送给孙老师做个纪念好吗？

（生双手捧给老师）

师：天地为室，万物为本，万法为师。邀更多的“非老师”到课堂来！到我们的心里来，请他们开讲，我们谛听！

下课！同学们，后会有期！

创课《邀非老师到课堂来》中的“非老师”——鸭妈妈和黑雁妈妈——却是真老师，它们的教学很美，因为它们有“心”，它们懂得放手，放手让孩子“跳上”“跳下”。有时候，放手才是真正的爱，为了生命的“延续”，两位妈妈不是“搂着”“抱着”，而是让他们自己起跳，跳上台阶，跳下悬崖……摔着、磕着、碰着，风险有多高，成就就有多大。这就是成长的代价，这就是生命成长的规律，“非老师”都懂！我们这些“真老师”呢？我们带领学生徜徉小视频其间——学生视通万里、思接千载、悄然动容、幡然悟道、倾珠吐玉、言人言殊——“我为黑雁妈妈点赞，因为她的爱是大爱，她懂得生存是没有办法教的，而现实生活是残酷的……”这难道不是一种生命感悟另一种生命的美？

在我看来，习作教学创课之美，就是要用心让学生通过文字尽情展现其生命的过程。生命的展现过程体现在维持自身，而维持自身就是在它自身范围内实行自我开放和自我展开。一切生命过程，都是力图通过自身的维持和延续，来不断弥补生命自身的欠缺。当然，它不是通过一次创课活动就可以达成。生命需要在它的绵延中实现一再的更新创造活动。我们的创课教学要跨界组合，要多邀请“非老师”进课堂，不停超越生存障碍，永不满足地实现生存环境的更新，生命才能克服原先的欠缺，不断地弥补其生存中所感受的“不满”，填补其部分的“空白”，也补偿其消耗的部分。习作教学创课理应站在美学的高度，多用一点心，以生命美唤醒并激活生命美，以生命美滋养并增长生命美，以生命美提升并升华生命美。

邂逅可爱的灵魂，邂逅精神之美

——《缔造完美教室》创课之说课

我们多了一分快乐，教室就少了一分痛苦；我们多了一分对话，教室就少了一分独白；我们多了一分唤醒，教室就少了一分冬眠；我们多了一分完美，教室就少了一分遗憾……缔造完美教室，就是缔造完美自己。不是吗？

——题记

2017年4月13日，我在山东枣庄市实验学校学术报告厅，借六年级（2）班，创课《缔造完美教室》。

缔造完美教室，包括具象与抽象两个层面。具象完美教室——教室之大，抽象完美教室——教师之大。前者是硬实力，后者是软实力。

就软实力而言，缔造完美教室：一是缔造完美教师，二是缔造完美学生。主要指涉精神生活，灵魂的漫游和邂逅。漫游在无数灵魂之中，邂逅可爱的灵魂，邂逅精神之美。

“跳木马”的教室：老师不止一位

师：第一站，我们一起去幼儿园看看跳木马。

（播放视频：一次、两次、三次，一位幼儿园的小男生面对木马怎么也跳不过去，老师却一次又一次给他机会，小朋友们使劲儿为他加油，最后他一跃而过。他给等待的家长，深深地鞠上一躬；他给自己打气的老师，轻轻的一个拥抱）

师：在这个教室，你要上三个台阶。每上一个台阶，你都在完美自己，也就是给你的思维、你的精神美容。

（投影：如果你认同这是在缔造完美教室，完美教室的缔造者是________，请你写下来）

（学生奋笔疾书）

师：请和大家分享！

生：完美教室的缔造者是我们这些孩子。

生：完美教室的缔造者是我自己，还有老师和同学。

生：完美教室的缔造者是我自己，老师、同学以及家长。

师：你能完整地说一说，有哪些人在缔造完美教室吗？

生：学生、老师、家长，都是完美教室的缔造者。

师：说得很清楚。我们经过一次思维美容，知道了所有在场者都是缔造者，看看台下听课的老师们，为了今天这个美丽的教室，他们是缔造者；看看你的同桌，他们是缔造者；指一指你自己，你也是缔造者。

我们再来上第二个台阶，跳木马的小朋友，他的老师、他的同学以及家长们各自都在缔造教室，他们肯定是用一个无形的东西在缔造。请你写下来。

跳木马的小朋友用________缔造完美教室；

他的老师用________缔造完美教室；

他的同学用________缔造完美教室；

家长们用________缔造完美教室。

生：跳木马的小朋友用“毅力”缔造完美教室；

他的老师用“心灵”缔造完美教室；

他的同学用“鼓舞”缔造完美教室；

家长们用“掌声”缔造完美教室。

师：家长是怎样缔造完美教室的，有没有不同看法？

生：我觉得家长是在用“耐心”缔造完美教室。

师：理由是——

生：因为家长面对孩子的屡跳屡败，一直在等待，不埋怨、不责怪、不急躁。

师：这就是耐心。

生：也是做家长的耐力。

师：有一天，你会不会做家长？

生：会。

师：如果你的孩子有过不去的坎儿，你要怎样让他过去？

生：用期许和耐心的等待。

师：期许、耐心、等待，这些沉甸甸的字眼，从耳朵里进去，在心里种下，在大脑里生根发芽。

我们再去上第三个台阶，来读“破”这个小视频。这个“破”是有硬度的，“不破”是不能立起来的。我们会发现：缔造完美教室，就是——

生：一群人缔造一个人。

师：你看，有多少老师放下手中的工作支持着你一个人，一群人缔造一个人。反过来呢？

生：一个人缔造一群人。

师：大家都在洗耳恭听，是因为你一个人缔造了所有人的耳朵。一群人——

生：完美一个人。

师：反过来说——

生：一个人完美一群人。

师：等十年、二十年、五十年、八十年，你慢慢读，会发现这些话很有味道。你完美了，一群人就完美了；一群人完美了，你就完美了。与其说这是在缔造完美教室，不如说这是在缔造——

生：与其说这是在缔造完美教室，不如说这是在缔造完美的人。

师：人在教室在，教室在人不一定在。完美的人在，完美的教室在。完美的教室造就完美的人。

……

小视频《跳木马》是完美教室的一扇窗，打开这扇窗，你会洞见：完美教室是一个系统，在这个系统中，不是只有一位老师，而是几十位老师，每一位家长都是老师，每一位学生都是老师。人人皆可为师。“万物互联”，自己的每一个行为都会影响到其他人，其他人也会影响到自己。教育，是人与人之间，也是自己与自己之间发生的事。真正的教育就是浸润其间，让每个人都成为最好的自己。

时间在毫不妥协地流走，唯独带不走完美教室的童年记忆。“跳木马”只是成长中的一次遇见，成长中的每一次遇见，都会不经意地变成自己人生的一部分。完美教室，不就是在对的时间、对的地方和对的人在一起？时光不老，我们不散。

“打招呼”的教室：创造人人可为

（现场请上来一位老师与上课的学生表演一下课前打招呼。师：同学们好。生：老师好！）

（播放一段美国课堂课前师生打招呼的片段，上课的老师站在教室门口，用击掌、碰肩膀、扭屁股、踢踏步等不重复的身体语言和每一个走进教室的学生打招呼。当然，学生也用不同的体态语言和老师“对话”，场面轻松、活泼）

（学生在笑声中看完小视频）

师：好开心啊！现场版和我们刚刚看到的小视频版师生课前的打招呼方式，你更喜欢哪一个？实话实说。

生：喜欢小视频版。

师：为什么？

生：比较好玩，逗趣！

师：在小视频《师生课前打招呼》的教室里，我们一起去发现隐藏的东西。所有的故事后面都隐藏着东西，你可能发现宝石，你也可能空手而归，就看你怎么去发现了。我们发现小视频《师生课前打招呼》中教师的“一招一式”是一人一创的，那么学生的“一招一式”也是——

生：也是一人一创的。

师：教师的“一招一式”缔造的是——

生：学生的一人一创。

师：可见，有一只领头羊，领头羊把你带到水草肥美的地方，那你就尽情地享用大餐吧！我们发现，教师与学生的肢体语言“对话”中，他用掌，学生也用掌，他用肩膀，学生也用肩膀，这是肢体语言在对话。每次都在创中创，在变中——

生：变。

师：教师创变激发学生——

生：创变。

师：反过来，学生创变激发了教师的——

生：创变。

师：我们发现，教师与学生进行肢体语言对话的时候，虽然没有直接提供什么知识，没教你ABC，也没教你1加1等于几，但他把每个人都从禁锢中解放了出来，使生命处于自由的状态。我们现在判断一下，是生命自由好，还是我们知道$1+1=2$好？

生：生命自由好。

生：我觉得两个都比较好。第二个可以让我们知道知识，第一个可以使我们从人身体的禁锢中解放出来。

师：你是完美主义者，鱼与熊掌都要。

师生双方的脸上洋溢着________，内心充盈着________，生命勃发着________，你从他的脸看到他的心，从他的心看到他的生命状态，请你写下来。

用什么词才能表达你的思想？这就检验你平时读了多少书，还检验你积累了什么样的词语，更检验你此时此刻把消极词语转化成积极词语的能力。读书绝对不是死读书。（*走向举手的学生旁边*）请你站起来，请你点名谁来回答这个问题。

生：季楷昊。

师：是谁？请你站起来回答这个问题。

生：师生双方脸上洋溢着微笑，内心充盈着热情，生命勃发着自由。

师：请愿意回答的同学起立。

生：脸上洋溢着灿烂的笑容，内心充盈着欣慰，生命勃发着活力。

生：脸上洋溢着欢乐的笑容，内心充盈着欢乐，生命勃发着活力。

生：脸上洋溢着愉悦的笑容，内心充盈着快乐，生命勃发着自由的生机。

师：师生兴致盎然的生命表现在勃勃的创造中，他的肢体语言不只是一个动作，而是一种创作。这样的创作是一种冲动，一种生命创造的冲动。当人要创造的时候就是这样的一种状态。师生成为富有创造精神的“艺术玩家”，教室里的人都在创造，你创造，我也创造，大家都在竞相创造，都在进行原生态的创造，完美教室成了“生命创造共同体”。

……

无论国家还是个人，要想发展，实现大“繁荣”，创新才是唯一的出路。创造人人可为，人的本性就是创造。哲学家卡西尔说，人并没有什么与生俱来的抽象本质，也没有什么一成不变的永恒人性；人的本质是永远处在创作之中的，它只存在于人不断创造文化的辛勤劳作之中。因此，人性并不是一种实体性的东西，而是人自我塑造的一种过程：真正的人性无非就是人的无限的创造性活动。诚然，完美教室里应该彰显人性，即人的创造性。故此，创造理应是完美教室里最有活力的部分。

小视频《师生课前打招呼》中的老师和学生人人是“艺术玩家”，个个是“创造天才”，他们不需要向任何人请求许可，只是遵从内心、率性而为，一切行为都是自然而然、水到渠成。人人迸发着创造激情，个个形态各异的原创成为完美教室里最有活力的部分。这是一种创新行为，更是一种创新精神。他们不追随流行，只追随自身。如果你用的是流行的教学模式，那说明你落后了。虽然“课前打招呼”只是一个微创新，但它实证“创造人人可为”，只要愿为。如果我们都能像小视频《师生课前打招呼》一样每天坚持生发出一点创意，努力做出尝试，一些奇妙的创课想法就会像兔子一样，不知道从哪个洞穴里蹦出来，你只要瞅准机会，就能逮住，甚至越抓越多。

“写真话”的教室：学生能够评教

（观看视频：2016 年，在成都全国创新作文教学观摩会上，我现场创课。学生把对我教学的评价——幽默、高效、独一无二的好老师写到纸上……）

师：在“写真话”的教室里，每个人都要勇于表达自己的价值判断。譬如那两个女孩子就说孙老师“幽默、搞笑”，这是她们的价值判断；那个男孩子说孙老师“独一无二”，这样的老师是好老师，这是他的价值判断。若说“写真话”是在缔造完美教室，它缔造的是一种什么样的教室？写下来，这就是你的价值判断。

生：“写真话”缔造的是轻松愉悦的气氛和心灵的沟通。

生：它缔造的是一种可以使老师和学生更加深厚的友谊。

生：它缔造了师生之间的完美关系。

生：我觉得是轻松完美的每个人，轻松完美的沟通。

生：我觉得它缔造的是一种充满欢乐，充满欢声笑语，每个人都自由自在不受拘束的和谐。

生：我觉得它缔造的是快乐、自由、开心的氛围。

生：它缔造的是老师与学生沟通的桥梁，使学习的气氛更加愉快。

生：它缔造的是有意思的感受与氛围，这种氛围让我们学习做人，学习知识。

师：它缔造的是一种颠覆，它颠覆的是——

生：它颠覆的是以往约束人手脚的陈规陋习。

生：它颠覆了传统教学观念，让师生关系不再那么僵硬。

生：它颠覆了传统教学的死板。

生：它颠覆了学生不能评价老师的尴尬。

生：第一是它颠覆了传统观念，第二是它颠覆了老师原来高高在上的形象，老师变得亲民起来。

生：第一是它颠覆了传统课堂的枯燥乏味，第二是它颠覆了学生与老师之间的关系。

生：它颠覆了一种传统教学氛围，原来的氛围是一种死板封闭的空间，老师在上面讲，学生在下面写。老师您现在的讲法，会让师生之间像兄弟、像朋友。

师：我能交到你这样的兄弟得多幸福啊！我的时光得倒退三十年，谢谢你，给了我童年的快乐！

……

教师评学，司空见惯；学生评教，凤毛麟角。

传统教学现状并不能决定我们的教学品位，恰恰相反，我们的教学品位决定我们选择何种方式创课。

基于此，我通过“写真话”的创课，让学生的评教由应然化为实然。

“写真话”表象上看是让文字符号逗留在纸上，噱头上看是固守在“为写真话而写真话”的仪式感中，本质上看是教师把纸作为战场，激发学生评教的表达欲，让鲜活的生命用自己的声音说话，释放他们心中被屏蔽的言语，解构单向度的教师评学，建构双向度的学生评教，让教室成为师生互评的流动舞台。学生评教与教师评学，要么相辅相成，要么相生相克。在这场拉锯战中，只有行动才能打败行动。学生生命中的最强点，他们全部能量聚集之处，就是他们与教师评学权力正面冲突的地方——把评价写在纸上——与权力抗衡、利用权力的力量、逃离权力的陷阱。千万不要说“写真话”是创课的个案，它是那只“黑天鹅”，课堂里只要有一只学生评教的“黑天鹅”横空出世，天鹅是白色的（课堂只能教师评学）这一论断就被证伪了。

“写真话”的行为艺术是一种创造性活动。既然是创造性活动，就是一种难以预料和难以界定的活动，它只有在“在场”呈现中，才能显示其正在展开的内容，才能显现出它的倾向和发展趋势，才能显示其本质。当然，“写真话”创课的行为艺术也是一种奇迹，而奇迹不是每天每个教室都会发生的，也不是所有人都能理解的，所有人都理解，那得普通成什么样啊！

“撕课本”的教室：自己解放自己

师：教室里正在发生一场“战争”……

（观看小视频：《死亡诗社》里，基廷老师鼓励学生撕课本的一个片段）

师：在这个撕课本的教室里，基廷老师是在讲道理，我们将在“讲理”中学习“讲理”。撕课本，要撕出道理。（请学生拿出课文《草船借箭》的复印件）什么是借呢？

师：借别人的钱物，要经过主人同意，按期归还。草船借箭，经过主人同意了吗？

生：没有。

师：你觉得课文里面，诸葛亮是向曹操借箭吗？

生：我觉得不是，他是抢箭。

师：理由是——

生：因为他借曹操的箭并没有还，是一种暗抢。

生：我认为是偷箭，因为他不是正正当当去抢的，他是用草船上面的稻草人偷来的。

生：我感觉就是借，因为他把箭从草船上拿下来，又射过去，还回去了。

生：抢是直接抢，偷是对方不知道，我认为是骗。

师：为什么？

生：因为它不像抢那么明，又不像偷那么暗。

师：一个骗人家东西的人，课文中是怎样说诸葛亮的，说他是——

生：神机妙算。

师：神机妙“骗”！那草船借箭不就是——

生：草船骗箭。

师：凡是认同草船骗箭的，就可以撕掉《草船借箭》了。但是纸不能乱扔，放在你的桌子上，你不认同也没关系。

（生纷纷撕掉《草船借箭》的复印件）

师：有形的书易撕，无形的书不易撕！缔造完美教室就是缔造不唯书、不唯权的特立独行，只有极少数人能保持特立独行，特立独行是强者的特权，因为你思维强大，你人才能强大。只有强者才能在特立独行中脱去桎梏，因为没什么东西可以轻易击败你，你从来不用戴上手铐。只有强者才能在特立独行中“不跪在教室里教书”！

……

小视频《撕课本》中基廷鼓励学生撕碎课本，本质上撕碎的是一成不变的标准答案，撕碎的是控制独立思维的权威。

以前“不唯书”“不迷信权威”“尽信书不如无书”往往只是纸上谈兵，学生撕碎课本只是现实中的一种可能性。因为可能性发生概率极低，而且可能性之所以成为可能性，是因为存在不可能性。

实际上，突破可能性与现实性之间的矛盾及其难题，不能只是在它们两者之间的关系中寻求出路，而是要在生命的不可能性中找到解决的路径——对《草船借箭》微革命——我唤醒学生用自己的眼睛重新审视《草船借箭》，学生认为“借”首先是光明正大地征得主人同意，其次要讲信誉明确归还的日期，最后双方要有个契约。而诸葛亮既没有征得曹操的同意，也没有明确还箭日期，还美其名曰草船借箭，其实是赤裸裸的草船“骗”箭。于是，他们撕碎课本……当然，“找到解决的路径”，是一生的功课。课上，我和孩子们一起消除“跳出思维的‘沼泽地陷阱’”的恐慌和孤独，同时，我们也要谢谢基廷，谢谢他用他的生命与生活经验，给我们增加了智慧。我能想到的最好的状态，就是获得理解并在彼此的生命里盛开。于是，缔造完美教室开启，自己解放自己，注入“教育勇气”，支持孩子们，鼓励孩子们鼓起勇气追随自己的内心，去解决“读死书、死读书、读书死”的问题。诚然，我们在呼唤比知识启蒙更重要的思想启蒙——深度唤醒更多的老师和学生一道追求真善美的理想教育，用常识与理性引导生命自身跳出思维的“沼泽地陷阱”，一如大庭广众之下撕碎课文《草船借箭》，破除迷信，独立思想，运用自己的勇气和智慧，质疑课本，反抗权威，解除对“真理”的屈从。这一创课，宛如电闪雷鸣的暴风雨之夜的大自然在畅快淋漓地撕裂自己，解放自己。

“跳木马”“打招呼”“写真话”“撕课本”的教室里因创课所发生的一切，都是我们教师以思想启蒙的教学勇气吸引来的。因为人的思想具有强大的能量，只要我们持续践行一个正确的想法，这个想法的频率就会与真理本身的频率相趋一致，符合与顺应事物发展的规律，最终将按我们的想法呈现我们达到的效果，就像阿拉丁神灯故事里的精灵所说的，“你的愿望，就是我的命令”。

教室就像一个透明的鱼缸
每个人都是鱼
我是自己的异己者
兀自站在鱼缸外
盯着那些鱼（包括我自己）
看他们“游戏”
然后看见无形之水
盈满鱼缸
……

是的，兀自站在鱼缸之外，“创课”正在注入无形的源头活水。

“现在”不是在教室之外，而是在教室之中；“未来”不是在教室之中，而是在教室之外。我们改变，教室就会改变；教室改变，我们也会跟着改变。我们多了一分快乐，教室就少了一分痛苦；我们多了一分对话，教室就少了一分独白；我们多了一分唤醒，教室就少了一分冬眠；我们多了一分完美，教室就少了一分遗憾……缔造完美教室，就是缔造完美自己。不是吗？

怎样实现“基于儿童立场”的习作教学创课

——《想象不到的想象》创课之说课

不要一味地走在儿童前面，指点江山，因为儿童可能不会跟随；也不要一味走在儿童后面，任性放羊，因为儿童可能不会引路；请走在儿童身边，和儿童一起在作文中学写作文，成为儿童习作的文友。

——题记

“基于儿童立场”的习作教学，如果仅仅只是一句响彻云霄、撼人心脾的口号，就难免空洞了。凡是空洞的事物都是可疑的，大仲马在《基度山伯爵》中说“凡是可疑的都是危险的”。怎样“化险为夷”？就是要让“基于儿童立场”的习作教学化口号为行动，使之落地生根。当然，实现“基于儿童立场”的习作教学，是一篇宏大的文章，但再宏大的文章，终究要一字一字地写。也就是说，我们可以通过一课一课的创造，甚至一个一个教学细节的打造，让“基于儿童立场”的习作教学诞生。

下面试以2019年10月26日在四川成都第17届小学语文名师创新作文研讨会上，我执教的习作教学《想象不到的想象》为例，谈一谈这节创课是怎样实现“基于儿童立场”的习作教学的。

当然，这是一个“反推”，即我把借班上课孩子的习作收集上来。一篇一篇研读，一句一句透视密布在孩子们习作里的海量信息，然后萃取、提炼、概括，解锁孩子作文中的信息密码——他们究竟需要什么？不需要什么？这一透析与解锁的过程，就是实现“基于儿童立场”习作教学的创课过程。

顺应儿童需要，让其思维自然流淌

这句话听起来似乎有点抽象，其实只要把孩子们的作文题目串联起来读一读，就不难理解——我们要《进入想象不到的想象世界》，就要《穿过思维的墙》，《用“心”想象》，这样才能做到《思维“天马行空”》。当然，想象的同时我们还要《不断地追问》、《有意义的追问》，《是谁捆绑了我们的思维》？只有“对症下药”才有利于《治愈》……这样，我们才能上出《一节想象不到的想象课》。

把孩子们的作文题目横向串联解读，不是单纯给孩子们作文题目做加法，而是感受他们在这节课中的生命气息以及每个生命体经历了一种怎样的思维自然流淌。我正是顺应了儿童需要的思维并让其自然流淌，才创生了习作教学课《想象不到的想象》。儿童的思维原本就应该自然流淌，这节创课所做的一切只不过是顺应了儿童的诉求并将它自然呈现出来。这难道不是一种潜在的“基于儿童立场”的习作教学方法吗？

明确激发情趣比单纯传授习作技巧更重要

学生A在其习作《穿过思维的墙》中写道：

星期六，我们迎来了一节作文公开课，我非常兴奋也非常期待。特级教师孙建锋一直在唤醒我们去想象《想象不到的想象》，他不是像以往任何一次作文课一样，无论我们是否需要都强行向我们“注射写作绝技”，“兜售绝门武功”，而是播放了一系列短片，短片像磁铁一样深深吸引我们的眼球……说实在的，我很讨厌被“注射写作方法”，这样的作文课愈多，我身上留下的“针眼”愈多，痛苦也愈多；当然，我更不喜欢课本上那些“点鼠标似的”板着面孔的“命令”式作文，作文怎么能靠下命令呢？……”

从这个孩子的习作里，我们能够听到儿童的真实声音：“讨厌被‘注射写作方法’”，“不喜欢课本上那些‘点鼠标似的’板着面孔的‘命令’式作文”。这不是个体的无病呻吟，而是群体的心灵呐喊。聆听呼喊，第一时间“拯救”，我进行习作教学创课《想象不到的想象》，难道不是实现“基于儿童立场”的习作教学吗？

当然，我们不能误解“第一个逃出来向我们报信的孩子”，他们的本意决不是说要与一切习作教学方法“绝缘”，而是说“激发情趣比单纯传授习作技巧更重要”。帕克·帕尔默在《教学的勇气——漫步教师心灵》中谈到，优秀的教学决不能屈就成为技术教学，应当来自教师的矢志不渝和正直……我的这个观念来自或部分地来自本人多年来一直询问学生，他们心目中的好教师是什么样子的。倾听他们的陈述会发现，要求所有的优秀教师使用相类似的教学技巧是不可能的事情，有些教师讲课滔滔不绝，有些教师却言简意赅；有些教师按部就班教教材，有些教师却让自己的想象力飞扬在课堂上；有些教师循循善诱，有些教师却直截了当。我听到的故事中，所有优秀教师都拥有一个共同的特质：投入工作时都有其鲜明的个性——富有创造活力、充满创造激情且创造思想飞扬。这不正是创课教师的特质？

既然“激发情趣比单纯传授习作技巧更重要”，那么我们就不应该把习作教学的炫技当作秀场，而应把“激发情趣”奉为习作教学的一种信念。

秉持这一信念，我们当下就要从固有的单纯传授技巧的习作教学中逃离，逃离我们的所知，逃离我们的所有，逃离我们的所爱。说真的，对那些充满积习流弊只知道一厢情愿“强行注射”习作技巧的传统习作教学而言，“忍痛割爱”算什么，“英语中的疼痛在法语中只是面包的意思”。我们要从传统的习作教学出发，既不是去缥缈幻境中的教学乌托邦，也不是去远离人间烟火的教学孤岛，而是带领学生去他们喜欢习作的任何地方，不论是教学的“田园”还是“森林”，只要不是在“教学沙漠”的原地不动就好。我们向往的只是不再见到那些千课一面的作文教学，不再过那种千年不变的日子。应该笃信：我们一定能够做到——卸下习以为常的教学伪装，成为另一个创新教学的我。或许有人说，创新教学的尽头在何方？那里是否也有光亮？一直走就是了，奋不顾身，别怕迷失航向；止步不前，一定会有人回头张望。

唤醒生命挣脱固化，朝向外部不断生成

学生 B 在其习作《有意义的追问》中写道：

……刚才短片中的“鸡兔通婚”，我们怎么就想象不到？孙老师追问的话音刚落，就听学生 1 抢着回答：“是鸡兔同笼干扰了我们的思维！”“传统的原因！”孙老师反应真快。“是我自己思维不够开阔不够大胆不够新奇。”学生 2 反应也不慢。孙老师马上接过话茬：“自身的原因。”学生 3 接语：“我想外星人浑身都是眼睛，妈妈说，别瞎想，快写作业！”“家庭的原因，”孙老师顺势补充，“有一种看不见的东西捆绑了我们的思维”。学生 4 说道：“譬如……周六大家都去上兴趣班，好像背后有一根鞭子赶着似的。”“社会上的盲目跟风！”孙老师说，“请大家总结一下吧！”学生 5 振振有词：“我觉得阻碍我们思维的原因有很多，最主要的是自身的、家庭的、社会的，后两者是外部的，第一个是内部的。”“突破思维阻碍的关键靠——”“关键靠自己！”学生 6 的回答赢得阵阵掌声！

从学生 B 的习作《有意义的追问》中，我们能够看到：视频文本“输入”——学生独立“思考”——对话“表达”这条线索，不仅教学环节逻辑清晰，而且思维训练的现场生成水到渠成。

真正“基于儿童立场”的习作教学，就是通过对话，唤醒生命不受固化钳制，不被外力压制，相反，应该挣脱固化与外在，应该在不断的对话、生成之中呈现出生命自身的独特性、可能性、差异性和多样性。使得师生一起不断地脱离原初的界域，然后不断重建新的场域，并总是朝向外部，总是有新的生成。这难道不是实现“基于儿童立场”的习作教学吗？

倡行好作文是写出来的也是读出来的更是赏出来的

学生 C 在其习作《心有灵犀》中写道：

“……视频中那只在课堂上积极举手发言、活蹦乱跳的小兔子，被不喜欢它的戴眼镜的兔先生狠狠地朝课桌上砸了一教棍，吓得生了一枚蛋……回家的路上，它又被黄鼠狼与野猪劫道嘲弄，惊慌失措中下了第二枚蛋……小兔子懊恼地走回家，闷闷不乐地来到自己的房间，关上门，默默地下了第三枚蛋……遭受挫折以后，小兔子垂头丧气地离开了家，它觉得自己很无能，在学校总是遭受排挤。这时我多么希望小兔子永远长着一副未被欺负的脸，而不是看上去受尽欺负的脸……后来，它到了一个城市，认识了一些新朋友，朋友帮它找到一份新工作，开了一个彩蛋博物馆……”

我的同桌有声有色地读完自己的作文，孙老师微笑着说：“小兔子遭受挫折以后，离家出走，他有一个词用得很好……”孙老师躬下身来，顺势把话筒递给前排的同学，两位都接连“哑火”。这时，后排边角的一位女生站起来说：“垂头丧气。”……她被孙老师请到讲台和我的男同桌并排站到了孙老师的左右。孙老师伸开双臂把两个同学揽在一起，问男生：“她坐得很远，却能听到并能准确记住，说明什么？”“心有灵犀！”我的男同桌有点儿害羞。哄笑声中，孙老师把头转向女生：“你认为呢？”“他读的时候，我认真地听了。”女孩很自然，“无他！”“是啊！”孙老师把脸转向男生，“人家没那个意思！”全班笑声鼎沸！……“垂头丧气用得好在哪里？”孙老师问女生。“小兔子遭受嘲笑打击，觉得在动物群里没希望，就失魂落魄离家出走，‘垂头丧气’恰如其分地表现了它当时的神情。”女生又补充道，“我多么希望小兔子永远长着一副未被欺负的脸，而不是看上去受尽欺负的脸。这句话有刺，玲珑得别扭，能给人提供一种敲击。我真的好喜欢。”……“好作文是写出来的，也是读出来的，读出来之后，作文就不再属于作者一个人的了。聆听并鉴赏同学作文更重要，你分享的不仅是一种声音，而是一种语言智慧与精神文明……”

每个人都渴望回声，人之为人，都不可避免想要向他人呐喊，得到回音。为了成为更好的人，每个人都需要关于活着的智慧的滋养。每个人，都渴望心灵上的回声。一次合拍的“朗读与聆听”的对话，是精神探险，是彼此的戳中，彼此完成了衷诉的抵达。

笃行上人比上课更重要

学生D的习作《好课能养人，也能“治愈”人》中写道：

一节公开课，一位名师，一名小学生，一个好玩的故事。课，就这样开始了。起先，我非常疑惑，而且我的积极性也不高。老师把话筒递给我，我十分紧张，说了一大堆不着边际的话。孙老师让我把提出的问题理一理，说清楚。“为什么小兔子生出的彩蛋是其他颜色的而不是白色的？”同学们一听都笑了，但老师竟然表扬了我，而且说我观察仔细，问得到位……我渐渐活跃起来，自己竟然敢争先恐后跑到讲台发表见解，孙老师对我笑了笑。老师的笑温暖了我的心……就这样，我在课上抢答了三次，平时我在公开课都不敢回答问题的，老师一让我回答问题，我就流汗，背上一下子冒出了许多的冷汗，说话也是支支吾吾的……但在孙老师的课上，我成功突破了自己，战胜了不敢回答问题的“顽疾”，治愈了我不敢回答问题的懦弱……好课能养人，也能“治愈”人。

是的。“好课能养人，也能‘治愈’人。”显然，这个学生是通过作文在教给我们一种教学方法——上人比上课更重要。我想，她不是在自言自语，而是在代表所有孩子向我们授之以渔。

笃行上课上人，首先意味着让人成为人。这是教育最重要、最本质的特征。康德说过，“人只有通过教育才能成为人”。在所有的生命体中，人是唯一要接受教育的。哲学上，人是一个符号性的动物，人只有通过教育才能掌握符号，只有通过教育才能真正意义上成为一个有精神的人。如果没有教育，人是不可能成为人的；如果没有教育，人是不可能有精神生活的；如果没有教育，其实整个人类也就不存在了。

笃行上课上人，说白了，就是既要让学生成为人也要让教师成为人。

让教师成为人，首先是教师要在学生眼里成为一个真正意义上的人。有一次习作课上，作文本发到学生手中，学生在老师的批语下面留言说：“虽然知道是机器人批改的，还是打个招呼。”老师回复：“是真人哦。”学生又复：“哇！老师显灵了！”真心希望我们的习作教学课上，每个孩子都能发自内心地说："老师显灵了。"

老师显灵了，不就是老师的灵魂潜移默化影响了孩子的灵魂吗？

笃行上课上人，最关键的一条是教师要把学生视为人。教师一旦把学生视为人，就会胸中有课，目中有人。在这样的课上，就会彰显出学生大于教材内容的教育效果。尽管相对于职业操守来说，课比天大；但是相对于生命来讲，人比课大。

综上，是不是通过一次习作教学《想象不到的想象》创课就完全实现了"基于儿童立场"的习作教学？当然不是，但不积跬步无以至千里。怎样实现"基于儿童立场"的习作教学？千江有水千江月。不论怎样实践探索，都会使我们追问"基于儿童立场"习作教学的主体是谁。"主体是人，但不等于人，人只有作为某种活动的发出者才是主体。"《想象不到的想象》习作教学创课活动的主体究竟是谁呢？这就要考察活动的发出者是谁。教师是教学的策划者、设计者和组织者，但是真正"发出"教学需求的却是儿童，是儿童焕发生命活力的诉求才有了教学活动。从学生一篇篇习作中，我们可以看到儿童是教学活动的发出者，因此儿童是教学的主体。那么，以儿童为主体，教师就应站在儿童立场上。不要一味地走在儿童前面，指点江山，因为儿童可能不会跟随；也不要一味走在儿童后面，任性放羊，因为儿童可能不会引路；请走在儿童身边，和儿童一起在作文中学写作文，成为儿童习作的文友。

孩子们给我上的“震撼课”

——《关于月亮的神话、古诗、童话串串烧》创课之说课

教学既是一种人生，也是一种生活，其目的就是不断追求并创造教学生活之美。

——题记

震撼一：“你是一阵风”

在法国哲学家福柯看来，人生是在美的历程中度过的，生活的最高目的，就是寻求和创造生存世界中不断变换的美。

在我看来，教学既是一种人生，也是一种生活，其目的就是不断追求并创造教学生活之美。

教学生活之美，是在不断变动的游戏式生活中形成的，但是生活的流变性并不意味着生活本身的任意性和纯粹杜撰性，而是要设法使生活得到提升，在生活的提升中，实现自身精神生命内涵的丰富，达到精神愉悦和审美情趣的融合与提升。

2015 年岁末，我应邀到江西赣州举办的一场传统文化教育论坛上公开课。

一如从前，还是原生态创课。第一眼看到借班上课的孩子们，我发现他们诚如其校长所言“很乖”，乖得像一幅“潭面无风镜未磨”的画。

走进“画”里，我要“吹皱一潭静水”——让孩子们直呼“孙建锋”。

一呼“孙建锋”，一个男孩子“夸”我“平易近人”；再呼“建锋”，一个女孩子昵称我为“哥哥”；又呼“锋”，一个男生快语“你是一阵风”。

“我是一阵风，一阵春风，春风吻上你的脸，告诉你处处是春天；我是一阵风，一阵春风，春风已绿你心田……”

“三呼”过后，室内已是笑语盈盈、两情融融……

“孙建锋”——“建锋”——“锋”——“潭面来风涟漪生”。

直呼“孙建锋”，对我而言是一种“经验”——以前上课曾经用过，文章中也曾写过。但教学实践告诉我，经验不应当成为个人教学的窠臼，而应当成为待产过程中的创造本身。换句话说，经验要从传统的被动沉积形态，变成主动的开拓行为。从这个意义上来看，这正是学生给我上的震撼一课——每一次教学行为都要使经验成为提升自我的再生动力。诚然，这也是创造教学生活之美的不二法门与不竭动力。

故此，我不断地变换自己的主体性，不断地将自身从传统师道尊严的模式中脱离出来，使自己不再是传统意义上“神圣不可冒犯”的教师，将自身置于不断解构和重构的成长过程中，实现了一种蜕变——“平易近人”“哥哥”“一阵风”的永远变动和更新。

震撼二：“哥哥孙建锋”

法国哲学家梅洛·庞蒂认为，文化现象中最重要的是语言，语言首先产生在对话形式中。

“师与生、生与生、生与文本”，任何二元之间的对话关系都会产生语言的再创造，形成哲学意义上的第三元的转化，甚至达到“真三”的最高境界，而语言正是实现二元向三元转化的决定性因素。

《关于月亮的神话、古诗、童话串串烧》，是将有关月亮A面的神话《嫦娥奔月》、月亮B面的古诗《嫦娥》、月亮C面的“美国版”童话《月神》以及月亮D面“英国版”故事《月上圣诞老人》组合而设计的一次语文学科综合性学习的公开课教材。

这节集思想、教材、设计、教学、反思、发表为一体的创新性公开课，其本身就是一种教学艺术的再创造，旨在使东方传统文化与西方现代文化在对话中创造出万千之美，达到文化融合的美妙境界。这种两个主体交流后的再创造，揭示了“只有对话关系才能滋生出最高境界”的教学真谛。

当学生与月亮A、B、C、D的故事对话之后，我相机唤醒——

“最美的故事还是——月亮E面的传奇，你们想看吗？”

“想！”

“千江有水千江月，月亮 E 面的传奇就在你的心里。请放飞想象，超越中外，开创月亮 E 面的传奇。”

略思片刻，孩子们便争先恐后与大家分享他们构想的月亮 E 面的传奇。

生：《把自己射向月球》。有个小女孩，她梦想到月球上去。于是，她就自己制造了一把弓箭，把自己射向了月球……

师：超级震撼，“把自己射向月球”。（把题目写到黑板上）你不仅把自己射向了月球，也把自己的未来射向了北大、哈佛……

生：《嫦娥回来啦》。寂寞的嫦娥，在月球上，利用桂树制造了一个飞行器，带着小白兔一起飞回了地球……回到地球……后羿还在等着她吃饭呢，饭桌上的饭菜，已经热了好多遍了……

师：温馨！人圆，梦圆，心圆……团团圆圆……

生：《我是哈佛男》。有个哈佛男，勤工俭学、省吃俭用，改造了一艘航母。他的航母就像今天的出租车一样，能够载客登月。航母造好以后，他请他的家人、同学、老师一起飞往月球，而且是免费之旅。只要他的航母在月球一着陆，地球上所有的航母以及核武器都会自动解除武装，失去进攻作战的能力，因为他的航母有一种磁场，可以锁定所有毁灭性武器的按钮，没有任何人可以打开……这个哈佛男，就站在你的面前。

师：一切皆有可能。人，就是最大可能。加油，哈佛男！

生：《哥哥孙建锋》。有个小女孩非常喜欢演讲，遗憾的是地球上没有人喜欢听……

（师走到最后一排问一位男生她说的什么？男生说，她说有个小女孩非常喜欢演讲，遗憾的是地球上没有人喜欢听……）

师：在听着呢！无论哪个角落的人都在听着呢！请继续。

生：一天，她搬来一把天梯，爬上了月球去演讲。

师：演讲现在开始，小女孩身边——

生：小女孩的身边站着她的哥哥。

师：她的哥哥——

生：孙建锋。（笑声）

生：孙建锋十分专注地听她演讲……

师：孙建锋喜欢听天籁之音。

生：小女孩觉得孙建锋是她的知心哥哥，是她真正的知音。

……

分享的故事都是假的，但故事带给我以及在场听课老师的震撼却是真的。

这种震撼就是创造性的对话，一种在绝对自由状态下展开的自主活动，它所产生的创造性效果永远高于简单的一问一答。

这正是自编教材《关于月亮的神话、古诗、童话串串烧》的教育初衷——师生对话艺术有创造性，跳出一元与同质文化的窠臼，加强中西异质文化之间的对话与交流，因为奥地利文学家霍甫曼萨曾说“异文化是得救的保障，是人类回归自身的保障”。

一种文化愈自信，愈开放；愈开放，愈伟大。

一种教学愈开放，愈对话；愈对话，愈超越。

法国有个说法，如果蛹只知道照镜子，永远不能成为蝴蝶。拘泥传统、食古不化的文化与教学，永远逃脱不了“蛹照镜子”的怪圈。

上文教例揭示出孩子们化蛹成蝶，精神生命得以提升与超越，是通过不断地交流对话产生的。对话前，彼此好的东西各自藏着不敢表达；对话后，彼此好的东西不但发挥了出来，而且发生了质变。

一如“哥哥孙建锋”，就是一种令人震撼的对话“质变”。

对话，不是言说者的自说自话，而是言说与倾听的有效沟通。没有倾听的言说和没有言说的倾听都是荒诞的。

相对于我们的课堂不稀缺教师的言说而言，我们的孩子更渴望教师的倾听。“哥哥孙建锋”就是学生对倾听回归的最萌点赞，也是对倾听缺席的诗意批判。

倾听是老老实实的活儿，来不得半点虚假和做作。倾听是对真诚直截了当的考验。所以，如果教师伪装倾听，就不单是虚伪，而且是愚蠢了。

倾听者是美丽的。如果教师能够真诚地蹲下来，目光澄澈地注视着孩子，抛弃唯我独尊的傲慢和道貌岸然的虚荣，那么就能谛听到孩子们五彩缤纷的世界有日落月升的呼吸，有虫蚁鸟兽的欢歌，有风里云里的消息，有无声里的千言万语……还有心与心碰撞的清脆音响，宛若风铃。

震撼三："跳起抢话筒"

现代人越来越把自己的思想纳入法则和规则以及各种固定的方法之中，我们的教学也不例外。高喊"课改"，而不"改课"，即便"改课"，亦鲜见"改心"。"改心"，就是要有新的教学思考艺术，借用福柯的哲学术语就是"成问题化"，针对一个真实具体的问题提出解答方案。

"成问题化"的目的，就是要颠覆传统的教学思维模式，其策略有三。

一是在外面思考。"在外面"，不单纯指"外面的世界"，而是比外面的世界更遥远的事物的总称。同时，它又是比一切内在的世界更贴近得多的事物。所以，"在外面"并不只是指它的外在性或内在性，而是指它比外更远、比内更近的双重性。所以，真正的思想是"在外面"，它来自外面，向内折返，又回到外面。基于此，自思想、自教材、自设计、自教学、自反思、自发表的创课《关于月亮的神话、古诗、童话串串烧》体现的就是"在外面思考"的基本精神，就是在传统的教学之外进行自由思考，在主体性之外进行自由创造，在生命的维度上进行创课教学。

二是在语言游戏中思考。就是通过语言进行思考，在语言的游戏中进行思考。在《关于月亮的神话、古诗、童话串串烧》教学中，看了月亮 A 面的神话《嫦娥奔月》，嫦娥抵达了永恒的彼岸世界，生命摆脱了一切外在形式的束缚，似乎可以享受长生不老了。但是，她却孤独寂寞，终日依着桂树，看着小白兔捣药……学生问："是不是嫦娥跑得太快了，心没有跟上，落在了人间?"是的，嫦娥的身心是有裂缝的。

"嫦娥应悔偷灵药"，当我们吟咏着李商隐感天动地而又气韵悠长的千年嗟叹，一味地沉浸在"碧海青天夜夜心"的无尽追悔之中时，孩子们却说，月亮 C 面的"美国版"童话好玩，月亮 D 面的"英国版"故事养眼。诚然，不同文化之间也是有裂缝的。

"互联网 + "时代，没有"鸵鸟"可做，我们"在语言游戏中思考"，则意味着在寻找新思想活动的裂缝和可能性中教学，这是必然。

三是自身决定游戏规则。教学者不应该掉入自己挖的坑里，而应该使自身成为游戏者，由自己制订游戏规则。

上文教例中，有一个请学生分享月亮 E 面传奇的教学环节。起先，站在前台的 6 个学生有点拘谨。“谁先得到话筒谁先讲”，我把话筒一举，大家一拥而上，跳起来抢话筒。我顺势蹲下来，他们赶快俯下身；我又迅速起身，他们又如浪花跃起……

起伏之中生成的“跳起抢话筒”游戏，不只是表面上调动了学生的参与度而引起观者的兴奋，更重要的是它留给我深层次的思想震撼。话筒，物理意义是传声，象征意义是发声。孩子们表面上是“跳起抢话筒”，实质上是“抢自己的话语权”，是在抢着“发出自己的声音”。

一个能够“发出自己声音”的人才是真正意义上的人，一个勇于“发出自己声音”的人才是有穿透力的人。他的魅力源于自信、独立和富有思考的力量。

“发出自己的声音”——可以扩展到言论自由的高度——是宪法赋予每个人的权利。

“跳起抢话筒”，是学生在行使自己的权利，是行走在言论自由的路上。

自由在哪里，人就在哪里；自由在课堂，学生就真正站在了课堂中央！

当然，本文中“自由”不是一个事实，而是一个设定；“自由”不是自然赋予人类的礼物，而是人类为自己设定的最为艰巨的任务。同样，在教学中，“人”并不是一个事实而是一个设定，不是一个生物存在，而是象征着教师为之努力的一种优秀的理念和一个崇高的境界。

让人回到课中央

——《把我的心脏带回祖国》读写结合创课之说课

读写结合之“写”旨在指定、展示、显露文本自身之外的某种东西，那种东西没有书写就会保持隐匿，至少是不可见的。这正是读写结合“写”的魅力之所在。

——题记

两千多年前，古希腊，第欧根尼在光天化日之下提着灯笼在大街上行走。当有人问他为什么大白天提着灯笼时，他说正在找人。

时空变换，当我们用这一哲学史上的“灯笼”照一下教室，也许有人会问：“课在教室，人在哪儿？”

一次教研，我们走访了5所学校，听了9位六年级老师《把我的心脏带回祖国》的常态课。

客观地讲，这5所学校教学硬件都是一流的。教室里，白板、课件、多媒体、电子书包，一应俱全、全副“电”装。9位老师的教学是“常态”的，他们听说要听课，除了“共享”了课件，还做了精心准备。课始，翻页笔一点，白板显示课件，教师发令：“齐读课题。”（生：把我的心脏带回祖国。）课堂上，师生问答：“这句话是谁说的？”（生：肖邦。）“肖邦为什么要离开祖国呢？”（生：19世纪初，波兰遭到欧洲列强的瓜分，大部分领土落到了沙皇俄国的手里。波兰人民从此陷入了被欺凌、被压迫的深渊。年轻而富有才华的音乐家肖邦，满怀悲愤，不得不离开自己的祖国。）“肖邦是怎样离开祖国的？”（生：1830年11月的一天，维斯瓦河上弥漫着薄薄的雾霭。20岁的肖邦告别了自己的亲人，坐着马车离开了首都华沙……）“肖邦离开祖国后怎样呢？”（生：写下了著名的《革命练习曲》。肖邦日夜思念着祖国……）课尾，问题升华，“肖邦是个怎样的人？”（生：他是一个爱国的音乐家。)

有人说，难道这不是在上课吗?

没有人说这不是在上课。

任何一所学校，任何一位老师都可以这样“电灌”（统一课件）+“人灌”（统一口型）地上课，司空见惯、习以为常，这样的上课也只能叫上课。因为，这样上课，点的是课件，走的是程序，问的是内容，答的是课文。课在室内，人在室外。

基于此，创课倡导让人回到课中央，上人比上课更重要！这是一种教学理念，也是一种教学形态，更应当成为一种创课教学的新常态。

那么，上课怎样上人?

我们与前面9位执教过《把我的心脏带回祖国》的老师一起聊“怎样上人”，在集思广益之后，其中的一位老师自告奋勇再度执教此课。有了如下片段。

师：请看课题——《把我的心脏带回祖国》。快速浏览课文，画出这句话。

学生快速默读课文最后一节：“肖邦在法国巴黎一住就是18年。为了祖国，也为了生计，肖邦四处奔波。疲劳加上忧愤，使肖邦的肺结核病又复发了。1849年10月，他终于躺倒在病床上。弥留之际，肖邦紧紧握着姐姐路德维卡的手，喃喃地说：‘我死后，请把我的心脏带回去，我要长眠在祖国的地下。’”

师：我给大家推荐一本书——《肖邦传》([法]贝尔纳·加沃蒂著，张雪译)。这本书很厚，这节课，我们节选有关章节读一读。看一看肖邦弥留之际说了什么。

(出示投影)

第十六章　精灵之死

最后的日子（节选）

首先，在死亡面前，他的形而上的态度到底是什么呢?

我们已经多次提到过，在巴黎，即自1831年以来，肖邦放弃了一切宗教活动，而且在他的通信和谈话中，从未有过任何宗教方面的任何暗示。显然，他不再信仰：他同儿时玩伴 P. 杰罗维茨基的谈话就是证明。

临终告解（节选）

修道院长继续他的叙述，他证实从那一刻开始，直到最后时日，肖邦一直讲着大有教益的话，只谈上天。他之蒙受最终的苦难，是赎买从前的过失。他对身边的人不做祈祷表示惊讶之余，感谢上苍让他蒙受最终的苦难，以赎买从前的过失并愉快地得出一个完全波兰式的结论，对朋友兼忏悔师说："没有你，亲爱的，我会像猪一样死去！"在最后时刻，肖邦又一次重复着"耶稣，玛丽和约瑟夫的温馨之名。他将十字架压在嘴唇上，搁在心上，用最后一口气，说出'我已达幸福之源'，然后他咽了气"。

临终之言（节选）

肖邦最后到底说了什么，也不确定。他明确规定，不让人公布那些他自己认为不值得宣传的手稿。

"不了……"（节选）

查理·嘉瓦尔留下了肖邦最后数小时的见证："10 月 16 日晚间，两个大夫给他会诊。其中的一个，克鲁维耶尔医生举起灯，照在肖邦由于窒息已经白得吓人的脸上，并提请我们注意，感官已经停止反应了。但当他问肖邦是否痛苦，我们还能明确地听到回答：'再不了。'这是我听到他嘴里说出的最后一个词。他于 10 月 17 日凌晨 3 点到 4 点之间逝世。"……肖邦过世三天之后，克鲁维耶尔医生才进行了尸体解剖，宣布心脏比肺部损害得更厉害。他将这颗心取了出来，按照病人对他姐姐路德维卡表达的愿望，它将被安置在华沙圣十字架教堂的立柱里。

读了《精灵之死》（节选）之后，老师请学生写下自己的思考，然后大家一起交流——

生：从《肖邦传》里，我没有读到"弥留之际，肖邦紧紧握着姐姐路德维卡的手，喃喃地说：'我死后，请把我的心脏带回去，我要长眠在祖国的地下'"这句话。

师：你们怎么看呢？

生：课文可能是改编的吧，根据什么改编的呢？如果课文能注释一下多好，这样我们课后也可以找一找出处啊！

生："10 月 16 日晚间，两个大夫给他会诊。其中的一个，克鲁维耶尔医生举起灯，照在肖邦由于窒息已经白得吓人的脸上，并提请我们注意，感官已经停止反应了。但当他问肖邦是否痛苦，我们还能明确地听到回答：'再不了。'这是我听到他嘴里说出的最后一个词。"在肖邦的医生克鲁维耶尔看来，他没说"我死后，请把我的心脏带回去，我要长眠在祖国的地下"，但课文中的句子是加了双引号的，表明是肖邦的原话。

生：《临终之言》中"肖邦最后到底说了什么，也不确定。他明确规定，不让人公布那些他自己认为不值得宣传的手稿。"这句话究竟说没说，不能断定。肖邦的手稿究竟在哪里？有机会真想看一看。

生：我觉得要完整地了解肖邦，除了看他的传记，还要到波兰去，到法国去，甚至到他生活过的地方去走访、考察。

……

"弥留之际肖邦究竟说了啥，"执教老师说，"这并不重要，重要的是我们一起在用自己的眼睛看书，用自己的嘴巴说话"。

创课，让人回到课中央——孩子们能够用自己的眼睛看书，看出书中的真意；用自己的手书写，写出心中的体会；用自己的嘴巴说话，讲真话，既说出真理，又让真理本身说话，一个个有"真理勇气"的人就站在了课的中央。

古罗马哲学家爱比克泰德说，阅读就是"重新认识"成堆的文字中难以真正掌握的信息。美国《纽约时报》发行人阿瑟·海斯·苏兹贝格说："一个人的判断力难以超越他所基于的信息。不给他新闻，或仅给他以扭曲过的、支离破碎的信息，加上愚昧、无条理、带偏见的报道，再加上宣传和有意的捏造，你便可以摧毁他整个的推理系统，使他成为低于人的一种生物。"

读写结合之"写"旨在指定、展示、显露文本自身之外的某种东西，那种东西没有书写就会保持隐匿，至少是不可见的。这正是读写结合"写"的魅力之所在。教师试着引导学生指出与文本对话后透过盲点捕捉到的不可见性，捕捉那太过可见的不可见者，那太过亲近的疏远，那未知的熟知，这对与文本对话的学生来说，就是"我的语言"的重要作用。

行走在“进托邦”教学的路上

——《最浪漫的事》创课之说课

每课进步一点点，每人改进一点点，这种渐进式的教学改进，这种温柔的教学进步，就会形成一个变化运动的域，不远的将来，我们会越来越向好而教，教而向好，必然而然。

——题记

乌托邦教学，意味着一种发生在理想国中完美无缺的教学。乌托邦教学中没有任何问题可烦恼，但乌托邦教学也因此没有任何存在的可能。

反乌托邦教学，意味着一种阴云密布、糟糕透顶的教学。反乌托邦教学问题与灾难并重，因而反乌托邦教学是不可持续的。问题越丛生，灾难越剧烈，反乌托邦教学就会消失得越迅速。

反乌托邦教学和乌托邦教学都不是教学的归宿，教学的归宿应该是“进托邦”。更准确地说，我们已经开始走在“进托邦”教学的路上。“进托邦”教学不是目的，而是一种变化状态，是一种进程，是一个发现问题，解决问题，不断改正，逐步提升的教学状态。

在“进托邦”教学生态里，任何教师都有可能做到：今天上的课会比昨天的好，明天的课会比今天上得更好，虽然变好的程度有时可能只是那么一点点。但是，每课进步一点点，每人改进一点点，这种渐进式的教学改进，这种温柔的教学进步，就会形成一个变化运动的域，不远的将来，我们会越来越向好而教，教而向好，必然而然。这正是“进托邦”教学追求的鹄的。

2015 年 12 月，由江苏省语文课程与教学理论研究中心主办的小学语文著名特级教师课堂教学观摩活动，在盐城市阜宁实验小学教育集团举行，我应邀公开教学，创课《最浪漫的事》，行走在“进托邦”教学的路上。

这节课都有哪些变化？

创课是“从1到N”变为“从0到1”的教学首创

“从1到N”是增量，是克隆。

“从1到N”的公开教学不避讳“注水与被注水”“彩排与被彩排”“克隆与自我克隆”……

“从0到1”是质变，是创造。

“从0到1”的创课教学追求教学首创，追求上原生态的“处女课”。

《最浪漫的事》摈弃的是“从1到N”的教学，践行的是创理念+创教材+创设计+创教学+创反思+创发表的“从0到1”的创课教学。当然，这种“从0到1”的教学，就我个人而言也不是一蹴而就的过程，而是每天变化一点点，每课进步一点点，多年坚持原则并一以贯之的进程。

创课教学创造的所有东西都处在“形成”的过程中

应该笃信创理念+创教材+创设计+创教学+创反思+创发表的创课教学《最浪漫的事》所创造的所有东西无一不处在“形成”的过程中。这不仅是我教学《最浪漫的事》一课的潜在理念，而且是行走在“进托邦”教学的路上矢志不移的信念。

譬如，课始，我和学生一起做了两个小游戏。

第一个小游戏：“纱巾蒙眼”——用一层纱遮住学生的眼睛，学生说事物模糊；厚叠纱再遮学生的眼睛，学生说眼前漆黑。层层去纱，逐渐去蔽，学生的视线由朦朦胧胧又复归清清楚楚……

其实，我们不仅有一双肉眼，还有一双心眼。无论是肉眼还是心眼，无论你是谁，无论你多大，人人眼前都有一个“蒙”，人人都需要被开蒙。但是，人人未必能开蒙人人，人人未必不会“重蒙”人人。

问题是——

我们是做学生的开蒙者，还是做学生的重蒙者？我们自身是被重蒙，还是被开蒙？

有人问——

从重蒙到开蒙有多远？

一念之间。

从重蒙到开蒙有多难？

举手之劳。

以开蒙的手法，创造性地回答了开蒙。这一游戏的潜台词，是创意教学已经处在“形成”的过程中了。

第二个小游戏：“直呼师名”——先请学生齐喊“孙建锋”，之后说感受，学生说我们之间很“平等”；再请他们喊“建锋”，他们说感到很“亲切”；然后请他们呼“锋”，他们笑曰我们是“朋友”。字越喊越少，情越交越深，心越贴越紧。

那一刻，教学游戏创造的“平等”“亲切”“朋友”的师生关系，已经从一个静态的名词世界前往一个流动的动词世界。

创课由阅读而屏读再速写

今天，超过50亿个数字屏幕在我们的生活中闪烁。数字显示器制造商还会每年生产出来38亿个新屏幕，这几乎相当于地球上的每个人每两年都会得到一个新屏幕。文字已经从纸张转移到了电脑、手机、平板电脑中。文字不再是白纸黑字地固定在纸上，而是在玻璃平面上以彩虹样的色彩，于眨眼间飞速而来……我们不争地成为“屏幕之民”。

如果说工业时代，学生与文本互动的主要方式是看书阅读，那么，互联网时代，作为“屏幕之民”原住民的学生，更喜欢动态流动的屏读。屏幕，改变了或正在改变学生与文本的互动方式。

电脑、电视、手机、平板……多种屏幕既可以单独打开，也可以并行打开，而且屏幕与屏读之间也可以进行互动。多维屏读的时代已经开启成为不争的事实。

书本是固化的、精确的、权威的。但我们现在正在创造的新的全球文化，则是流动的、多元的、开放的，它有不同的特性与感知。我们的教学仅仅通过传统的书本阅读，其方式显然是单轨的；屏读，则可以实现与新的全球文化实时立体互动。

屏读，除了包括阅读文字，还包括观赏文字、阅读图像。这种新行为拥有新的特征。这种新的平台非常视觉化，而且会逐渐把文字和变化的图像融合在一起。文字在屏幕上无处不在，它们会浮现在图像之上，也会充当注释和注脚，还会连接到其他的文字或者图像，有可能就在学生的电子书包里。

我们现在用自己的身体与屏幕来进行互动，不光是敲击键盘，触屏互动。未来的手机，可以看到读者的眼睛，当读者看手机的时候，手机可以看读者的眼睛，辨识读者在看哪儿，而且它还能看到读者的情绪，可以感知读者是迷惑还是分心？是警觉还是受到威胁……屏幕对读者的情绪做出互动、反应，每一个情绪在这个屏幕上都可以看到，这是一个非常强有力的互动方式。

在《最浪漫的事》教学中，为了把“薄文读厚”，我抓住关键点，引领学生多维“屏读”。这是一次单向度文本阅读向多维度文本屏读的“进托邦”摆渡，摆渡是为了速写内心的多元感悟。

【屏读一：读妻千遍不厌倦之“浪漫”】

师：文本中85岁的弗兰克，七年如一日“到养老院里看望、照顾、陪伴身患老年痴呆、完全失去记忆的80岁的妻子凯瑟琳”。从七年、二千五百多天中，你读出了什么，快速写下你的感悟！

生：弗兰克每天看望妻子，读她千遍不厌倦。在他眼里，妻子的动静举止都是画，喜怒哀乐全是戏。

生：弗兰克悉心照顾她，用心陪伴她，从未离开她。

生：弗兰克把自己留在她的日子里，他把每个日子都过成了风景。

师：读妻千遍不厌倦，这难道不是一种浪漫？

【屏读二：“人生若只如初见”之“浪漫”】

生：今天是他们的结婚纪念日。弗兰克身穿西装来到了凯瑟琳的身边。为她打开了一个盒子，盒子里是一个像怀表一样的银色项链。打开圆盘里面不是怀表，左右两边各是弗兰克与凯瑟琳年轻时的照片。底盘很小的地方还刻着“我的妻子凯瑟琳”的字样。……并细心地为凯瑟琳戴上。

师：在今天看来，不用说金色项链，钻石项链也不稀罕，送个银色的项链……怎么能看出弗兰克的浪漫呢？

生：85岁的弗兰克、80岁的凯瑟琳，还在过结婚纪念日，特别是弗兰克，仍保存着凯瑟琳年轻时的照片，依然能够“人生若只如初见”。这就是浪漫。

【屏读三：爱妻并无所求之“浪漫”】

生：弗兰克临走的时候，我忍不住指一指弗兰克问凯瑟琳，“今天陪伴你的这个人是谁?”凯瑟琳……摇摇头说：“我不知道，我没有见过他。”……不过弗兰克却始终微笑不语。他笑着摸了摸凯瑟琳的头，以一个吻作为今天的离别。

师：“我不知道，我没有见过他”，凯瑟琳不认识弗兰克，这是万般无奈，这是无限酸楚，这是彻骨寒心。这怎么能是浪漫？

生：醉过知酒浓，爱过知情重。

师：一张玫瑰色的嘴，一个诗意的吻——

吻别的是今天的终点，明天的起点；吻别的是超乎语言、超乎想象的时刻；吻别的是沉默而沉醉的最爱；吻别的是——

生：“我爱你，但对你一无所求”，这就是一种浪漫。

【屏读四：浪漫之“保障”】

师：让我们走出只“盯”课本的舒适区，跨界屏读，去采不同的花蜜。

生：澳大利亚有着比较完善的福利保障制度，其养老金主要由三部分组成，一是雇主必须缴纳的退休金，二是个人自愿缴纳的养老金，三是政府的养老金。

澳大利亚法律规定，所有雇主都必须为员工提供退休金，第二项可以自己缴纳，第三项就是政府固定给退休人员发放养老金。

师：如果弗兰克、凯瑟琳，吃不上、喝不上，自然就浪漫不起来。

A 说，他们的浪漫之爱，根本在于养老金的保障制度。

B 说，他们的浪漫之爱，根本在于国家的法律规定，因为养老金的保障制度离不开法律的维护。

请速写你怎么看。

生：吃不上、喝不上并不重要，重要的是夫妻的恩爱。

生：吃不上、喝不上，人怎么活下去？要先吃好、喝好，再好好爱。所以，A 和 B 谈到的两点是爱的基础。

生：《最浪漫的事》是“老有所养”！“老有所养”的保障—— 一靠政府

的福利制度，二靠国家的法律维护。

【屏读五：浪漫之“嘱咐”】

师：今天是他们的结婚纪念日。

屏读小视频：弗兰克不会忘记60年前的婚礼上，岳父的“风趣幽默”。

（学生欣赏50秒小视频：弗兰克与凯瑟琳的婚礼上，岳父诙谐地嘱咐弗兰克：“我和上帝费了这么大功夫才把她预备好，你别搞砸了。”学生听了捧腹大笑！）

【屏读六：浪漫之“婚誓”】

师：（扮演神父）你是否愿意以她为妻，与她在神圣的婚约中共同生活，无论是疾病或健康、贫穷或富裕，你也愿意爱她、安慰她、尊敬她、保护她，并愿意在有生之年对她忠心不变？

生：（一男生扮演弗兰克）我愿意！

师：你是否愿意以他为夫，与他在神圣的婚约中共同生活，无论是疾病或健康、贫穷或富裕，你也愿意爱他、安慰他、尊敬他、保护他，并愿意在有生之年对他忠心不变？

生：（一女生扮演凯瑟琳）我愿意！

……

师：执子之手，与子偕老。爱是一种能力，如果能力不够，需要宗教的抚慰，需要信仰的提升！原来，《最浪漫的事》是——

生：白首偕老。

师：白首偕老的支撑——

生：一靠信仰，二靠守信。

……

模拟婚誓，旨在发掘浪漫的背后藏着什么。

经济学中有一条原理：一旦某样事物变得免费，变得无所不在，那么它的经济地位就会突然反转。在工业时代，复制品比手工制成的原型品更有价值。现在，价值的轴心发生了翻转。在这个充满免费数字复制品的超饱和数字时空中，复制品无处不在，太过廉价，以至于只有无法复制的事情才变得真正有价值。一如，弗兰克与凯瑟琳“执子之手，与之偕老”的坚守，是无法大规模批量生产的，也是无法购买的。我们在任何电脑的程序上都不可能把这种恩爱与坚守下载下来，然后储存在数据库里。坚守，是弗兰克与凯瑟琳风风雨雨几十年的积攒。它不会被伪造，也无法伪造。不论是夫妻之间，还是人与人之间，坚守都将是一种无形的告白，它在复制品泛滥的世界中具有越来越高的价值。

……

行走在“进托邦”教学的路上，与其说《最浪漫的事》教学正运行在变化进程的轨道上，不如说它正在这一轨道上“升级”。

“升级”是教学的一种改良措施，只有教学不断升级，才能让你的教学保持健康的状态。

无论你教学时间有多长，无尽的教学升级都会把你变成一只“教学菜鸟”——也就是说，你会变成笨手笨脚的新用户。在这个不断变化，充满挑战的“读屏”时代里所有人都会成为“教学菜鸟”。

永远是“教学菜鸟”是所有教学人的新设定，也是一种教学新常态。这与你的年龄，与你的经验，与你的职称，与你的称号，都没有关系。

纵观历史，从来没有哪一天会比今天更适合行走在“进托邦”教学的路上，从来没有哪个时代会比当前、当下、此时此刻更有机遇，更加开放，有更低的壁垒、更多的回报和更积极的环境。

“进托邦”教学确实是一片广袤的处女地，上了《最浪漫的事》我更加坚定这个想法。

我们都正在“形成”。这在教学的历史上，是绝无仅有的最佳时机。

创课，行走在“进托邦”教学的路上，始于足下。

你没迟到。

美国老师的中国公开课

——《鸟巢》创课之说课

迈克老师用“制造与创造的区别”来教化学生，内容的表达与学生之间就建立了相应关系，与“彼时、彼地、彼生”的教机相呼应，随缘运用，真正实现了目中有人，上课上人。

——题记

我们邀请了一位名叫迈克的美国老师为教育国际化中小学校长培训班的老师上课。这堂课虽然没有具体到某一学科，但体现了学科的综合性与创造性。

葫芦不开口，神仙难下手

不知是众目睽睽之下的畏惧，还是心里曾经受过什么压抑，借班上课的六年级孩子太乖了，乖到个个倒背双手，人人表情“冰封”。课始，迈克老师便热力“破冰”——

“在非常非常有限的时间里，我想让大家知道，我的太太是中国人。所以，我听得懂你们的话。”迈克和颜悦色地来到学生身边，弯下腰身，极力套近乎，联络感情，“我的三个孩子就像你们一样可爱！我们的家庭存在两种不同的文化，有美国的文化，也有中国的文化。你们应该对中国文化了解更多，是吧？”

孩子们不说不笑，木然回应。

“在我们西方人的脑海中，看重的是什么？”迈克老师随机板书两个单词，“‘制造’和‘创造’有什么差别？谁可以告诉我？”

孩子们报以10秒钟的集体缄默。

“好，我来给你们一点点的帮助。中国的思想来自孔子，对不对？想了解中国文化，需要很好地了解孔子的思想。如果你想要了解美国人甚至西方人的想法，你就要多学一些其他的东西。”迈克老师引向正题，“‘制造’和‘创造’有什么区别？”

孩子们依然尊奉沉默是金。

5 分钟对话的破冰之旅告败。尽管迈克老师竭力走近孩子，但还是走不进孩子。葫芦不开口，神仙难下手。

不用君开口，只需君动手

“好，这样吧，你们 6 个小组每组派 1 个代表上来。”迈克老师相机调整“作战策略”，“这里有一些干草、树枝、树叶，我想让你们用 10 分钟的时间来做一个鸟巢。”

孩子们一听做鸟巢，表情倏然解冻了，气氛顿时活跃起来……每组上来 1 个代表取走了材料。

“有谁之前做过鸟巢？”迈克冲着一个举手的男孩子说，“你可以教你的伙伴。”

6 个小组，36 双小手忙乎开来。有的小组迅速把树枝、树叶、干草分开；有的小组用干草先编个圆圈，试图将枝条放进圈内做底，枝条一下子把草圈弹开了，大家马上改进，用枝条编个圈，用干草兜个底儿，再铺上树叶；有的小组，单兵作战，各做各的，熙熙攘攘，争抢材料，“工期”滞后，其中一个单干的男孩子，由于到手的材料不足，只有一根干树枝，他掰成四小段，只够摆个方框……整个制作过程无论怎样乱作一团，甚至鸟巢做得面目全非，迈克也视而不见，一直“退隐”，悄悄“欣赏”着孩子们的“肆意妄为”，绝不干涉其“内政”。

6 分钟过后，迈克老师魔术师般地取出一根粗壮且带有多个枝杈的枯枝，说：“你们做的鸟窝，要能放在树杈上。”

孩子们仿佛一下子醒悟了，开始改进手中的鸟巢。

8 分钟过后，一个小组的孩子终于把鸟巢成功地放到了枝杈上。

迈克老师从口袋里掏出一个鸡蛋，轻轻放进鸟巢，在孩子们的笑声中，迈克又放进第二个、第三个鸡蛋……

10 分钟的鸟巢制作，孩子们沉浸其中，乐此不疲，似乎忘记了迈克的存在，忘记了这是课堂，欢快地忙碌着……原来，不用君开口，只需君动手，孩子们快乐了，教学便有效了。

神仙巧下手，画眉开了口

“我希望你们从做中能够学到一些东西。”迈克耸了耸肩，摊开双手，躬下身来，用夸张的语气笑曰：“这一组完全没有想法，你们都在做什么呢?”

大家的目光聚焦在这一小组上。

“其实，它不是这么容易对不对？就算刚刚我们做成功鸟巢，只要刮大风……”孩子们还没缓过神来，迈克话锋一转，摇散了枯枝上的鸟巢。

迈克请完全没有想法的小组中的一名男同学，侧面站到了白板前面。在同学们的哄笑中，他依着孩子的头部描画出他的剪影，又在剪影里勾勒出大脑的轮廓，诙谐地笑道：“除了大脑外，你在里面还放了什么东西?”孩子们又是一阵哄笑。

“好，现在我们的问题来了。这是一只鸟。”迈克边说边画，“这是鸟的大脑。相比较人的大脑，是不是只有一点点？为什么与人相比鸟只有这么小的大脑，却能够做出一个不怕风吹雨打的鸟窝?”

“这些鸟没有手，只有爪子，利用它们的爪子、它们的喙建造鸟巢。在生物学上还有更小的蜂鸟，它们的大脑当然更小，它们也会做巢，用它们的喙、它们的爪子，建造一个牢固的鸟巢，就算台风来了，那个鸟巢还在那树枝上。这事怎么会发生的呢？谁教鸟搭建鸟巢的?”迈克老师反剪双臂，弯下腰身，伸长脖子，唐老鸭般地滑稽“鸟语”道：“你们有谁看到一只母鸟叽叽叽地做给小鸟看，然后它就学会了?”

孩子们边笑边摇头：“没有见过。”

“这种事情之所以会发生，因为鸟有一种本能。本能就是天生的，表现在它的行为举止上是很复杂的一种现象，像鸟巢，我们大家都不能做，但是鸟能做。想一想，其他的动物有什么本能?”迈克老师用简笔画画了一个蜘蛛网，一个蜂巢，“你知道人和这些动物有什么不同吗？人可以创造！‘创造’和‘制造’两者之间有什么差别?”

神仙巧下手，画眉开了口——

“小鸟垒窝，蜘蛛结网，蜜蜂筑巢，这些都是动物的本能。”一个学生说道。

“好！”迈克竖起了大拇指。

“创造，就是原来没有，根据想象把它制造出来。”又一个学生自告奋勇发言。

“制造是复制，创造是无中生有！例如，鸟爷爷是那样垒窝，鸟爸爸是那样垒窝，鸟孙子还是那样垒窝，无论过了多少年，鸟垒的窝都一样，这就是制造；然而，创造却不一样，例如，原来没有手机，人创造发明了手机！”第三个同学侃侃而谈。

“我们有谁见过鸟窝旁边有个烧烤架，有谁见过蜘蛛网上挂过风铃，又有谁见过蜂巢里有个窗帘……动物的这种一成不变的本能就是制造。人，生下来没有这些本能，但是人可以创造一切。”

是的，人可以创造一切。

目中要有人，上课要上人

听了迈克老师的创课《鸟巢》，我暗自思忖，这节课里有什么？

从内容看，有言语交际——师生英文对话；有绘画美术——简笔画学生剪影、鸟巢、蛛网、蜂巢；有手工制作——学生制作鸟窝；有生物知识——筑巢、结网是动物的本能；有哲学启蒙——人类创造世界……

从思维看，教师晓之以理，学生思考接受，有逻辑思维；教师导之以行，学生活动探究，有操作思维；教师动之以情，学生情感体验，有情感思维；教师传之以神，学生合作交流，有交往思维；教师创之以新，学生整合顿悟，有综合思维。

从方法看，教师将自己的教育意图渗透在特定的情境之中，以制作鸟巢活动为载体，通过师生间交往互动，帮助学生习得积极的社会性情感体验。这种浸润式的教法，不仅提供更多教给学生口语的机会，还以制造鸟巢这一令人难忘的方式带领学生进入了目标语言的文化和社会背景，唤醒了学生主体生命的创造意识。

与其说这节课有内容，有思维，有方法，不如说这节课有禅宗之“对机”。迈克老师用“制造与创造的区别”来教化学生，内容的表达与学生之间就建立了相应关系，与“彼时、彼地、彼生”的教机相呼应，随缘运用，真正实现了目中有人，上课上人。

第三章

诊课

让没有“怀孕”的人生孩子

我和孩子们一起上课《缔造完美教室》，本意不是为了上课而上课，也不是为了写作文而写作文，它表面上是为了帮助孩子们“找米下锅”，但其深层含义，是为了让孩子们多一次经历，开一下眼界。

——题记

“记一堂别开生面的课，”老师问，“是叙事的还是写人的？”

“叙事的。”学生答。

“题目中的关键词是什么？”

“别开生面。”

“什么叫别开生面？”

“别具一格。”

“你上过别具一格的课吗？”

老师当仁不让，咄咄逼人地追问，学生突然短路，面面相觑。

老师见到“梗阻”，立马化问为写，“请拿出作文本，写吧，草稿下课前完成。如果来不及修改，回家继续修改，誊写在大作文本上，明天交。”

这时候，大多数的学生进入难产期，他们中间有挠头皮的，咬指甲的，吐舌头的，托下巴的，转动手中笔杆的……

坐在教室听课的我，觉得这个冷场特别值得琢磨，到底孩子们的生活中有没有经历过别具一格的课？我悄悄问了问后排的几位学生，他们都摇了摇头。

让没有“怀孕”的人生孩子，多么滑稽！

我就坐在后面，为了不打扰孩子们“生产”，直到下课铃响后，我才起身转了一圈，看过每位学生的草稿本，多数学生只写了个题目。

我着急地问："明天怎么交作文呢？"

"回家翻翻作文选，"一个孩子鬼机灵，"或者百度一下呗"。

是的，孩子们还能怎么样呢？

"巧妇难为无米之炊"，当学生"无米"的时候，如若还在"锅碗瓢勺"（方法技巧、审题立意）上做文章，硬生生地要求学生按时端上"大米饭"，学生唯一的办法就只能是"窃取"。怎么突破这一瓶颈问题呢？

我决定"雪中送炭"——和这班学生一起打造一堂别具一格的课。课后，我别的什么都不要求，只是希望在我留给他们的邮箱中，读到他们的文章。

别具一格的一课

去报告厅的路上，班主任老师不停地嘱咐："这堂课一定要认真听讲！"我不禁有些紧张起来。

当我上台看到孙老师时，他比别的老师少了一分严厉，多了一分微笑。就是他的微笑，使我心中的紧张灰飞烟灭。如果说微笑是他讲课的名片，那么后面的内容就更精彩了。

当我们举手时，他径直走到我们面前，然后竟然蹲下把话筒递给举手的同学，一次、两次、三次……我都数不清他总共蹲下了多少次，这样的场景使我惊呆了，我从来没有见到过蹲下身子目光与我们对等讲话的老师。

接下来他就讲到了"完美教室"。他说，"完美教室"是学生和老师一起缔造的，只有在老师与学生的一次次对话中，大家才能放松下来，像朋友一样。他又播放了几个小视频，让我们写下心中的感受，有时他会让我们一起在黑板上写出自己的答案，我们都争先恐后地拿起粉笔挤着写，就像一群小鸡在争着吃食，好玩极了。原来，黑板不仅仅是老师可以在上面写字，我们也能。

我多么希望"完美教室"能存在于每一所学校的每一间教室里，感谢孙老师别具一格的一课，他不愧是完美教室的缔造者和先行者，不知孙老师什么时候再来给我们上课。

撕　书　记

今天，我们跟着孙建锋老师上了一节别开生面的公开课，主题是《缔造完美教室》。

孙老师语言幽默风趣，目光坦率真诚，给我一种朋友般温暖的感觉。

他讲的课与众不同，别的老师都要我们学习课本上的知识，但他却让我们“玩”到书本外，一堂课完全是在娱乐般的互动中度过的。让我感触最深的是一个视频：一位外国老师在和学生们讲课本上一位博士的文章，他讲着讲着停了下来，开始反驳书上的内容，然后干脆直接把课本撕掉了，并让学生们也把手中的课本撕掉。听着此起彼伏的撕纸声，我们禁不住跟着笑起来。

孙老师接着提问我们：“为什么要撕课本?”我当时是这样回答的：“这个故事表面上是在撕课本，其实是撕掉了传统的教学理念，传统教育是老师照本宣科，书本上写着什么就讲什么，我们就跟着学什么。我们要学会挑战权威。”孙老师夸我说，将来如果我当老师，一定会成为一名有思想的老师。

等我们回答完问题，孙老师给我们每人发了《草船借箭》的课文复印件，让我们进行反驳。大家众说纷纭，说“草船借箭”不应该说成“借”，而应该是“草船偷箭”“草船抢箭”“草船骗箭”。反驳完，大家都撕掉了复印件，而我却悄悄把它叠好放进口袋里。我当时想，《草船借箭》是《三国演义》的节选，塑造了神机妙算的诸葛亮这一形象，所以不能用“偷”“抢”“骗”等贬义词来评价他。我们要学习的是作者的写作手法，而不是对着历史抠字眼。

不唯书，不唯上，只唯实。面对老师苏格拉底手里的假苹果，学生们都说空气中有苹果的味道，只有一个学生坚持说什么味道也没有，这个学生就是后来著名的哲学家柏拉图。

可以说，没有质疑和挑战，就没有人类的进步。当同学们都撕课本的时候，我却没有撕，这就是我听课的最大收获，也是一种挑战吧！

完美教室的缔造者

它是我成长旅途中的一颗闪闪发光的珍珠，一颗璀璨夺目的宝石，一座照亮我人生道路的灯塔。它，就是我最难忘、最受益的一节公开课。

我们是幸运的，做梦也想不到孙建锋老师会来为我们上课。

怀着既紧张又兴奋的心情，我们步入了报告厅，桌面上摆放着的是打印好的课文《草船借箭》。今天讲这个？我们在脑海里打了个大大的问号。

开始上课了，孙老师非常轻松地和我们聊了起来："早上你吃饭了吗？""你平常在学校多长时间？"一个个很平常的问题，使我们紧张的心一下子平静下来，虽然台下挤满了来听课的老师。在愉悦的氛围中，我们开启了课堂之旅：缔造完美教室。什么样的教室是完美的？同学们的回答是这样的——"轻松愉快""老师与同学之间没有隔膜""边做游戏边学习"……而孙老师是这样说的："完美教室，不是物质上的。物质上完美的桌椅板凳，都不能算是完美教室，因为人去楼空，它们是没有温度的。真正的完美教室，是精神上的。完美教室看不到，但我们可以闻到、听到。在完美教室里，我们可以闻到花香……"

从幼儿园到大学——"跳木马""打招呼""写真话""撕课本""玩游戏"，一个个小视频缔造了一个个完美教室。其中让我感受最深的是"跳木马"，一个幼儿园小朋友跳木马，他跳了五六次都没跳过去。但他不放弃，他的朋友都跑过来给予他鼓励，父母给他鼓掌，老师也一直在激励他。终于，他成功地跳过了那个木马，周围掌声雷动。是呀！人生不就像跳木马吗？困难就像一个个木马，即使你一遍跳不过去，你可以再试第二次、第三次、第四次、第五次……总有一次你会跳过去，迈过这个坎。当然，陪伴者、鼓励者也是你跳木马的助力者。

不同的上课方式让我们的完美教室，一点点加固，一点点壮大起来。自信鼓励，打破传统观念，师生没有距离……在孙老师的开导鼓励下，一位又一位同学举手发言，大家一点儿也不拘束，思想一直在碰撞。发言可以直接站起来，可以去抢老师手里的话筒，公开课可以两三个老师一起上，有想法可以自己拿粉笔去黑板上写……一个个新奇的创意打破了传统的上课方式，课堂活起来了！

"教授的话不一定全对，该打破的就应该打破！"这是孙老师告诉我们的道理。《草船借箭》真的就对吗？当然不是，所有的人都会有错误，都该被打破，当然就连你自己都会被别人打破。既然不对，那就应该打破，就应该撕碎！撕课本！撕掉《草船借箭》！这可是大家从来没有干过的。但在孙老师的不断鼓励下，我们撕碎了课本，撕碎了旧观念、旧课堂！（原来桌上的《草船借箭》复印件是用来撕的呀！哈哈！）

接近两个小时的课，可没有一个人觉得漫长。虽然已经放学了，大家依旧在兴致盎然地缔造我们的完美教室，我们每个人都在为我们的完美教室添砖加瓦。我们在努力，在学习，在成长。与孙老师相处的每分每秒都那么宝贵，他幽默风趣，平易近人，独一无二，他打破了传统的教学理念，让我们与老师没有距离！

这堂别具一格的课我一辈子都忘不了。

有关写作，有一句古老的箴言："别光讲，展现出来。"它的意思是，别光告诉我们你很愤怒，向我们展示是什么令你愤怒。上文案例中学生甲、乙、丙的习作，就是在展现什么是"别具一格"。

我和孩子们一起上课《缔造完美教室》，本意不是为了上课而上课，也不是为了写作文而写作文，它表面上是为了帮助孩子们"找米下锅"，但其深层含义，是为了让孩子们多一次经历，开一下眼界。眼界不仅是看待问题的广度，更是深度。特别是通过经历《缔造完美教室》的"别具一格"，强迫孩子们不断重新认识自己和周遭的课堂，从而不断做出改变。

让“真原创”取代“伪仿写”

孩子一生还有漫漫的长路要走，最重要的不是对“伪仿写”之类作业的无穷尽的执着，追逐，而是保持一颗探究与原创的初心。

——题记

伪仿写，就是为了完成备课上的作业设计，而强迫学生按教师的一厢情愿进行的一种可有可无的习作训练。

试以《祖父的园子》第一段的教学为例，诊疗伪仿写——

教师指名读课文第一段：

我家有一个大花园，这花园里蜜蜂、蝴蝶、蜻蜓、蚂蚱，样样都有。蝴蝶有白蝴蝶、黄蝴蝶。这种蝴蝶极小，不太好看。好看的是大红蝴蝶，满身带着金粉。蜻蜓是金的，蚂蚱是绿的。蜜蜂则嗡嗡地飞着，满身绒毛，落到一朵花上，胖乎乎，圆滚滚，就像一个小毛球，停在上面一动不动了。

然后，开始师问生答的“伪对话”：

“花园里有什么？”

“花园里蜜蜂、蝴蝶、蜻蜓、蚂蚱，样样都有。”

“蝴蝶是什么颜色的？”

“蝴蝶有白蝴蝶、黄蝴蝶。”

“对。什么蝴蝶最好看？”

“好看的是大红蝴蝶。”

“大红蝴蝶为什么好看？”

“满身带着金粉。”

“蜻蜓是什么颜色的？蚂蚱呢？”

“蜻蜓是金的，蚂蚱是绿的。”

“蜜蜂是怎样飞的？”

“蜜蜂嗡嗡地飞着。”

“蜜蜂像什么？”

“胖乎乎，圆滚滚，就像一个小毛球。”

这个教学片段，其问题都是假问题，其对话也是伪对话。为什么？因为假问题往往意味着老师有问题，学生无问题。上文案例课文仅仅 5 句话，老师却喋喋不休地问了 8 个问题，遗憾的是学生没有产生 1 个问题。更滑稽的是，老师所谓的问题只是把文本上的陈述句改为问句而已。

假问题势必带来伪对话。上文案例一问一答，只不过是文本内容的平移，不需要动脑与思考，没有情趣的激发与思维的碰撞，也没有潜能的开发与智慧的开启，更没有生命的增值与情怀的积淀。

这种“假问题，伪对话”，纯粹是进门喊大嫂，没话找话！除了打发一节课的时光，还能有什么意义呢？之后还要来个狗尾续貂——

老师问：“课文这段写得美不美？”

“美！”学生怎么敢说不美，异口同声地配合！

老师见时机一到，该出手时就出手：“请按照这段话仿写《我们学校有个大花园》，用上其中优美的词语。”

现在的孩子多聪明，老师一暗示，他们便心有灵犀一点通，有的借语——直接抄，有的借意——稍变字句。

这种拾人牙慧的仿写，哪怕表面再繁荣昌盛，实质上因为缺少原创基因，只能被视作“伪仿写”。“伪仿写”一如假发，形态好看，实际上没有生命力。

那么怎样变“伪仿写”为“真写作”？课，由人创，这就取决于创课。譬如，我们不妨让学生自主阅读，生成问题，小组合作，探究问题，形成文字。

师：同学们，默读《祖父的园子》第一段，有什么问题吗？

生：“我家有一个大花园”，按常规思维接下去应该写花园里有什么花，花的色香味怎么样。然而，课文却不直接写有哪些花，反而写蜜蜂、蝴蝶、蜻蜓、蚂蚱，这是为什么呢？

师：问题有思考价值！建议你上网查资料，了解蜜蜂、蝴蝶与花之间的关系。（学生迅速查询）

生：花和蜜蜂、蝴蝶之间密切相关，互相依赖。花为蜂蝶提供食物，蜜蜂为花授粉。植物如果长期进行自然授粉，所产生的后代生命力弱，对不良环境和病虫害抵抗力差，有灭绝种族的危险。蜂蝶在采花过程中可以为植物进行异花授粉，异花授粉的植物所产生的后代具有强壮的生命力，对于植物种族后代的延续起到积极的作用。

师：谢谢你！你的答案使我们了解了花和蜜蜂、蝴蝶密切相关。同时也让我们明白了，为什么写蜜蜂、蝴蝶、蜻蜓、蚂蚱这些昆虫。

生：现在的花园里还有蜜蜂吗？

师：共同关心这一问题的，请举手！

（有10人举手）

师：建议你们10人为一小组，带着问题，同时也带着相机，到花园实地观察一下。明天交流。

（次日）

生：时值仲春，鲜花盛开，我们小组连续观察了公园的二十余种花草。（展示拍摄的各种鲜花的图片）只见花儿孤芳开，不见蜜蜂留恋采。

师：蜜蜂减少或许是个案吧？

生：我们小组上网查过资料，形成了一个《报告》：人们最先在美国发现蜜蜂失踪的现象，一些养蜂者报告说，他们的蜜蜂失踪数量高达95%。如今，美国西海岸的养蜂企业已经损失大约60%的蜜蜂，而东海岸则有70%的蜜蜂消失。蜜蜂消失现象同样也发生在德国、瑞士、西班牙、葡萄牙、意大利和希腊。

师：蜜蜂减少有哪些原因？

生：造成全世界蜜蜂减少的原因很多，其中固然有自然灾害、天敌捕食、病害肆虐等自然因素，但这些蜂群一般尚能承受，保持总数平衡；但人为因素的加入，使蜜蜂不堪忍受，数量大减。种种人为因素包括滥施农药、人造转基因作物、电磁波干扰甚至战争等。譬如，手机和其他高科技装置发出的辐射可能是导致蜜蜂突然消失的原因，因为手机发出的辐射干扰了蜜蜂的导航系统，令它们无法找到回蜂巢的路。

师：蜜蜂失踪与人类有何关系？

生：据说，在人类所利用的1330种作物中，有1000多种需要蜜蜂授粉。如果蜜蜂太少了，人们将告别多少粮棉、油料、瓜果。爱因斯坦曾预言："如果蜜蜂从世界上消失了，人类也将仅仅剩下4年的光阴！"

……

看了如上两则案例，我想到了陶行知先生在武汉大学的一次演讲，走上讲台，他不慌不忙地从箱子中拿出一只大公鸡。台下的听众全愣住了，不知陶先生要干什么。陶先生又掏出一把米放在桌上，然后按住公鸡的头，强迫它吃米，可是公鸡只叫不吃。他又掰开公鸡的嘴，把米硬往鸡的嘴里塞，公鸡拼命挣扎，还是不肯吃。陶先生松开手，把鸡放在桌子上，自己退后，公鸡自己就吃了起来。

陶行知先生说："我认为，教育就跟喂鸡一样，先生强迫学生去学习，把知识硬灌输给他，他是不情愿学的，即使学也是食而不化，过不了多久，他还是会把知识还给先生的。但是如果让他自由地学习，充分地发挥他的主观能动性，那效果一定会好得多！"

上文案例中，学生自己产生问题，自己调查研究，自己上网查阅资料，自己撰写报告，就像"被松绑的公鸡"，自己吃才是真正的吃。这种真正的吃，才能使自己从食物中获取生命的能量与动力。

当然，我们应该看到，走出课堂，走到家里，应该是一个更大的课堂，家长应该是一位更大的教师。现实是学生放学回到家，我们的家长常常问的第一句话，几乎都一样："今天的作业做完了吗？"关心的是学校交给的任务完成了没有。

犹太人却不一样。孩子回到家家长问的第一句话："你今天在学校里向老师提出问题了吗？"如果孩子得意地说："我今天向老师提出一个问题，老师没回答出来！"家长听了会很得意，"相信通过你自己的努力，你有办法解决，请大胆尝试！"

孩子一生还有漫漫的长路要走，最重要的不是对"伪仿写"之类作业的无穷尽的执着、追逐，而是保持一颗探究与原创的初心。

剔除习作课上的“腐败”

我们不要以心中那把亘古不变的尺子去度量每一个孩子的习作。要让孩子的起步习作没有疆界，没有限制，笔尖可以在纸上自由舞蹈！

——题记

习作课上最大的陋习，就是控制学生思想的自由表达。剔除陋习表面上是向教学陈规宣战，本质上是向根深蒂固的糟粕教学文化、长久形成的沉疴秩序、逐渐恶化的习作教学生态开战。

我曾经读到，2003 年《中国教育报》刊登了一篇《我的理想是变成一条狗》的短文——

“我”回农村老家时，特地去看望年迈的启蒙老师，在老师的桌上，不经意翻到一篇小学三年级学生的作文：

阿爹还没有走的时候，他对我说要我好好学习，天天向上，长大做个科学家。阿妈却要我长大后做个公安，说这样就啥都不怕了。我不想当科学家，也不想当公安。我的理想是变成一条狗，天天夜里守在家门口。因为妈妈胆小，怕鬼，我也怕，但阿妈说狗不怕鬼，所以我要做一条狗。这样，阿妈和我就什么都不怕了。

“我”看到，老师在上面打了一个大大的红叉，显然《我的理想是变成一条狗》被毙了。

后来，我读到一篇文章中写道一位日本的小学校长让小孩子们写下《新年的梦想是什么》——

有个男孩子说：“将来要当宇航员。”

校长说：“好，别放弃梦想。”

接下来有个女孩子说：“将来想当明星。”

校长说：“好，别放弃梦想。”

这时有个男孩子站出来说：“我将来要变成一只猫。”

校长说：“好，别放弃梦想。”

无论其中的回答有多么奇异，这位校长当场都以坚定的眼神与语气予以肯定和鼓励！

“我将来要变成一只猫”，在校长的肯定与鼓励中“活”了！

再后来，我去美国一所学校，看到一位小孩子图文并茂的《人生理想》——

我的理想是上一所高中，进入一所大学，然后到麦当劳工作，去炒股票赚钱，娶老婆，生一双儿女，接下去当爷爷抱孙子，之后是退休，最后是死去！

这个“人生理想”被张贴在墙上！

“我要做一条狗。这样，阿妈和我就什么都不怕了。”做这样一条效忠于阿妈的“狗”有什么不可以？为什么被枪毙？你懂的，文章立意要高大上，是我们评判的潜规则，这个底线岂能突破？

作文立意高大上没有错，关键是怎样理解作文立意的高大上。相对于一个三年级的九岁孩子，他要如鱼得水地活在自己的话语世界里，对他来说，他话语的宇宙是一个自己的宇宙，就像那个日本孩子“我将来要变成一只猫”，又像那个美国孩子“我要做个普通人：上学，工作，挣钱，娶妻，生子，退休，死亡……”毫无阻碍地写出自己的理想。

你或许强调，时空不同，孩子不同，梦也不同，但其童言、童真、童趣相同。这不正是素质教育新课程所倡导的习作标准，让“学生说真话、实话、心里话，不说假话、空话、套话”吗？

“说真话、实话、心里话，不说假话、空话、套话”，像《我的理想是变成一条狗》一样被毙的文章一定不止一篇。因为一些怀揣守旧思维的习作教学，总是试图控制孩子的思想，虽不能直接进驻孩子的大脑，但却极力控制孩子的自由表达。语言因此被荼毒，被驯化。一些词被妖魔化，另一些词被扎上蝴蝶结；一些词被灌入硫酸，另一些词则被喷上了香水。孩子在经历多年的教育之后，一提起“我的理想”，就想到了作家、画家、科学家……以条件反射代替思考，使每一个词语在展开其内容之前散发出某种“气味”，这难道不就是一种教学的语言腐败？

无论孩子写得多么奇异、荒诞，哪怕变成一只猫、一条狗，我们都要像那位校长一样，以坚定的眼神与语气予以肯定，鼓励孩子自说自话；无论孩子写得多么“低矮矬”，就是做个普通人，我们也要有把它张贴在墙上的情怀。我们不要以心中那把亘古不变的尺子去度量每一个孩子的习作，要让孩子的起步习作没有疆界，没有限制，笔尖可以在纸上自由舞蹈！

给《我的理想是变成一条狗》打了一个大大的红叉的老师或许会说，这难道是我一个人的责任吗？西谚云：没有一滴雨会认为自己造成了洪灾。当一个恶行的链条足够漫长，长到处在这个链条每一个环节的人都看不到这个链条的全貌时，这个链条上的每一个人似乎都有理由觉得自己无辜。如果是这样，我们更需要剔除习作课上的“腐败”。

用妈妈的手写批语

用妈妈的手，批语写的是“爱语”；用机器的手，批语写的是“套语”。

——题记

前不久，参加某区期中语文教学调研，重点是查阅六年级学生作文批改。我翻阅了38所小学2353篇学生的作文批改，并做了一个统计，有意思的是学生作文的尾批，出现频率最高的是“语句较通顺”“内容较具体”“中心较突出”等，出现频率为零的是师生相互沟通、对话的语句。

“语句较通顺”“内容较具体”“中心较突出”，不是不能出现在学生作文的批改中，而是不应该像一枚刻好的印章一样盖在所有学生的作文尾批中。每篇作文都是这样“阿毛剥豆”式的批语，当我随机暗访学生怎么看时，他们直言不讳，“我从不看尾批，因为看不看都一样”“尾批是写给校长看的吧”“怎么我和同桌的尾批都一样呢？”“老师真的看过我的作文吗？”

显然，这样批改作文，学生是不买账的。有什么有效的办法吗？

在某校，我召集了六年级的语文老师，单刀直入，请教研组组长将一篇题为《“四”陪》的六年级学生习作发到了每位教师手中，请他们读后在文章的下面写批注。

“四”陪

蒙太奇一：陪吃

在麦当劳餐厅的一隅，我正在贪婪地吃着汉堡包、啃着鸡腿。我聚精会神，旁若无人。爸爸和妈妈在一旁默默地坐着，四只眼睛目不转睛地看着我，面带疲惫的幸福，沉浸在我快快长大的梦想之中。尽管他们的口水早已在嘴中翻江倒海，但他们的角色却经常只是个陪客。在这儿我把这种现象称之为：陪吃。

蒙太奇二：陪行

在每天的早晨、中午和傍晚，在每一所学校门前，每天都上演着像当年八路军进出城时的热烈相迎和相送的盛大场面。无论是寒风肆虐的冬天还是酷暑难当的夏天，这一出出戏是常演不衰。爸爸妈妈和每位家长一样都在做着同一件事情，那就是护送和相迎我们这些小祖宗们光荣而去、胜利而归。就这件事本身来说，我姑且把它叫作陪行吧。

蒙太奇三：陪读

夜晚，窗门紧闭。台灯下，我伏在写字台前奋笔疾书。不论爸爸妈妈一天工作下来多累，都在一旁坐着，有时他们举头望明月（监视），有时低头思故乡（瞌睡）。他们兢兢业业地扮演着陪读的角色。

蒙太奇四：陪练

周末，是人们放松身心的法定时段，是人类留给自己生命难得的自然喘息。西方人把周末视为神圣而不可侵犯的个人时间。

然而每个周末，爸爸或妈妈都陪同我奔赴学习提琴的战场。教室里，我继续着精神和身体的双重劳作，本应放松的精神在被逼无奈的劳作中感觉全无；而爸爸妈妈呢，却在学校门口呼吸污浊空气的同时，幻想着从我的琴声中飘出维瓦尔第式的悠扬与激情。这就叫作陪练。

15 分钟后，参加活动的 9 位老师读罢《“四”陪》，写下了各自的批注：

（1）语句通顺，层次分明，结构严谨，中心突出。

（2）删去“蒙太奇”，留下陪吃、陪行、陪读、陪练就行了，因为这样好懂。

（3）可怜天下父母心，本文写出了爸爸妈妈培养孩子的辛苦。

（4）“四”陪具有普遍性，它充分体现了家长对孩子无私的爱。小作者善于观察生活。

（5）孩子就是父母心中的小太阳。爸爸妈妈每天围着“太阳”转。

（6）你这样写，是理解父母呢，还是责怪父母呢？

（7）也许，在父母的眼里，溺爱是最无私的爱；但在懂事的孩子眼里，溺爱不是最好的爱！

（8）文章内容真实，“四”陪是当代父母的写照；语言幽默，如文中“尽管他们的口水早已在嘴中翻江倒海”，又如“有时他们举头望明月（监视），有时低头思故乡（瞌睡）”；语句诙谐，构思新颖，如“陪吃、陪行、陪读、陪练”的小标题很独特、巧妙。

（9）

宝贝儿：

我亲爱的孩子，读了你这篇我不能够写出的文章，我想对正在长大的你说——

我能给予你生命，但不能替你生活；我能教你许多东西，但不能强迫你学习；我能告诉你怎样分辨是非，但不能替你做出选择；我能告诉你必须为人生确定崇高的目标，但不能替你实现这些目标；我能告诉你如何生活得更有意义，但不能给你永恒的生命；我能肯定我将尽自己最大的努力给予你最美好的东西，但不能给予你前程和事业；我能为你奉献浓浓的爱心，但不能强迫你照单全收……

孩子，我能为你做很多、很多，因为我爱你！但我今天只能“陪”你走一程，明天一切将由你自己做出正确的决定！

你亲爱的妈妈

随后，我又请教研组组长让《“四”陪》的小作者仔细阅读老师的批注，并在自己最感兴趣的批注下面写批注。

只见，小作者在第九个批注下面写道：“妈妈，我懂您！”

《“四”陪》的小作者为什么对第九位老师的批注情有独钟？因为这位老师的批语有人情味。

失去人情味的手，就像机器的智能手，只会写下“语句较通顺”“内容较具体”“中心较突出”的正确废话，而批阅作文的手不要用机器的智能手，要像第九位老师一样用妈妈的手。用妈妈的手，批语写的是“爱语”；用机器的手，批语写的是“套语”。

自由表达，让习作真正发生

自由表达，很简单，就是不要幻想孩子是自己未完成人生目标的替代品，要认可孩子是孩子，也要认可自己是自己的孩子。

——题记

毋庸讳言，当下习作的最大流弊，是学生被习作，使得学生的习作虚假发生。那么，我们怎样革除这一流弊，让学生习作真正发生？方法因人因课而异。在我看来，学生自由表达，不失为一条有效的教学策略。

所谓自由表达，并不意味着刻意创造生发某种酷炫的习作技法“注射”给学生，使学生被技法“爱”得失去表达自由，那不是真爱，而是占有。相反，自由表达意味着习作教学的时候，要创造一种无形的宽松氛围，让孩子大胆想象，表达的能力蓬勃生长。

我以部编教材六下第三单元的习作教学《让真情自然流露》为例，谈谈自己的践行心得。

“昨天有点感冒，想测体温，忽然想起耳温枪之前送到养老院给妈妈用了。巧的是，虽然妈妈过世近一个月了，耳温枪居然还在！当耳温枪塞进我耳蜗时，一刹那，我竟然觉得我的体温与妈妈的体温联通了！”这是一位专栏作家的微博，课始，我把这条微博分享给孩子们，“我读了，很感动！你猜猜哪儿写得最令我感动？”

“当耳温枪塞进我耳蜗时，一刹那，我竟然觉得我的体温与妈妈的体温联通了！”学生抢答。

“为什么？”

“虽然妈妈过世近一个月了，但她从未走远。”一个女孩子动情地说，“我的体温与妈妈的体温随时都可以联通的啊！”

“我觉得这句话很有人情味！”一个男孩子补充道。

“情！感人心者，莫先乎情。”我顺势而为，话锋一转，“这节课我们就结合实际，捕捉生活中的一个个小镜头，写一写人与人之间的点点滴滴的小故事，《让真情自然流露》于你的笔端……”

孩子们个个兴趣盎然，人人奋笔疾书，只只笔尖在纸上跳舞。

15分钟后，孩子们自告奋勇，分享习作。我边听边和同学们一起欣赏。

“上学六年来，老师批评我或者表扬我，我爸会在意一点，但我妈不会。记忆中妈妈从来没有因为老师的评价而有任何情绪的变化，我的任何进步她都高兴，但从不会要求我像翻筋斗似的再来一次；考得再差，她都不会把我说得一文不值，永远是说下次考好一点吧。”第一个交流的A生，很为自己的爸妈骄傲。

“妈妈从来没有因为老师的评价而有任何情绪的变化，”A生的同桌说，“我见过他的妈妈，很温和的。他的文章自然流露了妈妈的柔情似水！”

“是的，妈妈的柔情似水是家庭最好的风水！”

我话音刚落，B生机灵地站起来，声情并茂地朗读自己的习作：“外公退休后养起了鱼，阳台也多了几盆花花草草。他开始写日记，把我发给他的每一条微信都记下来，在我看来他记下的不是微信，是思念。记得去年春节回老家看望外公，返回家时才发现我的行李箱里神秘地多了一把玉梳子，电话里外公说我的头发长，用玉梳子梳头不伤头发，此时电话另一头的我脸颊流满了泪水。我讨厌离别，离别是暂时的，惦记着外公却是久长的。”

“‘把我发给他的每一条微信都记下来，’可见外公真的在乎我！”一个同学说，“外公的心太细了，告诉我‘用玉梳子梳头不伤头发’！在外公眼里，我写的每个字都值得‘语录’，我的一根头发都不许伤害！这难道不是外公爱我的真情流露吗？”

“好文是写出来的，也是赏出来的！”我为B生也为她的欣赏者热烈鼓掌！

掌声中，C生自告奋勇站起来分享自己的习作：“‘你爷爷热爱绘画，小时候家里穷没钱给我买小人书，我读的黑猫警长都是他亲手画的。平时你爷爷少言但内心却很丰富，时常用画笔表达自己的情感。他最爱画的是他深爱着的那个人——你奶奶。’爸爸边说边翻开一本旧画册，‘这幅画是爷爷送给奶奶 35 岁时的生日礼物。2009 年你刚出生的那一年，奶奶病逝后爷爷就再也没有碰过他的画笔……'"

闻听 C 生的习作，一个男孩子说，"请问，你爸爸是做什么工作的?"

"爸爸是市美术馆副馆长，擅长国画。"

"我觉得你爸爸对爷爷的爱就像你爷爷对奶奶的爱一样真挚，他们的爱就像那张黑白照片一样永恒定格!"我说，"永远羡慕这样的人间真爱!"

那一刻，教室里再次响起热烈的掌声!

掌声过后，D 生慢慢起身，声音低沉，读道："爸爸! 我正读五年级，一场车祸让我们父子阴阳两隔，希望你能听到，听到儿子在读自己的文章，这篇文章是你生前送给我的 10 岁生日礼物——《胡适写给儿子的信》:

我养育你，并非恩情，
只是血缘使然的生物本能;
所以，我既然无恩于你，你便无需报答我。
反而，我要感谢你，
因为有你的参与，
我的生命才更完整。

我只是碰巧成为了你的父亲，
你只是碰巧成为了我的女儿和儿子，
我并不是你的前传，
你也不是我的续篇。

你是独立的个体，
是与我不同的灵魂;
你并不因我而来，
你是因对生命的渴望而来。
你是自由的，
我是爱你的;
但我绝不会"以爱之名"，去掌控你的人生。
……

爸爸，你听到儿子的声音了吗？”

那一刻，我的眼睛噙满泪水，走到D生跟前，点了点头，送给他一个深情的拥抱！

自由表达，很简单，就是不要幻想孩子是自己未完成人生目标的替代品，要认可孩子是孩子，也要认可自己是自己的孩子。

认可孩子是孩子，就是要认可孩子的率真，认可孩子可以自说自话，自写自心，认可童言无忌，童真可人。

认可自己是自己的孩子，就是要避免成为教学的侏儒，因为孩子会长大，而教学的侏儒只会停步不前。

认可自己和孩子一样是孩子，这样，才能真正和孩子一起成长。让学生自由表达，就是为了孩子真正的成长，换一个角度讲，让学生的习作真正发生，就是为了孩子的真正成长。

睡秋雨

用同一个技巧指导学生写出千篇一律的作文教学时代应该结束，一个学生思想自由，自说自话的作文教学新时代应该开启！

——题记

“先点明何时、何人、何地，”在一节轰轰烈烈的公开课上，某教师在熟练指导六年级学生写作技巧，“再按照由远及近、由上到下的观察顺序描写秋雨”。

一阵紧张写作之后，学生该读其习作了。8 位被指名的学生异笔同文，众口一词，照着习作技巧“受精、着床、出生”的文章长得像多胞胎似的，从眉眼到形体再到基因丝毫都不差。

正当执教者要见好就收的时候，靠后排的一位女生举手示意要读自己的习作。囿于公开课的众目睽睽之势，执教老师不好硬生生地回绝，只得应允。

她有声有色地读到——

干燥的风吹得脸上一阵痒，这风可能约有三两重。无处安放的目光，还是选择把它望向了窗外。

我摘下眼镜，揉揉眼睛，重新戴上，窗外忽然一片秋天。

我想了想，又摘下眼镜，又揉揉眼睛，又重新戴上，窗外依然是一片秋天。

这种天气适合去吃烤鱼，也适合睡秋雨——

一夜过去，秋雨还在下。雨，滴成一河故事，故事淌成一江历史。我既无故事，也无历史。奶奶有。昨天，我问过。

听者为之动容，掌声好不热烈。

“你的文章发在朋友圈里可以，”执教老师反诘，“如果遇到考试呢？”

那一刻，我不知道该说什么好。只见手机上传来一条听课老师的微信：“闻此评语，就像吃花生米吃到最后一粒，吃到一颗臭的。”

“遇见你的那一刻就想留住你的！”下课了，绕到后台，通过带队的班主任，我找到了“睡秋雨”，握着她温暖的小手，说，“你的文章我可以留作纪念吗？”

“当然可以！”她很爽快，微笑着问，“老师，您不觉得文章都长得像超市里的西红柿颜色一样，有失天然吗？”

……

当下，千课一面的授之以法的作文指导正大行其道。缘何？因为“相同”常给人安全感，然后由此堆积问题而不自知；“不同”则是真正的指导，是写作的开始。迷信熟悉是惰性，而机会、生机、出路，往往是陌生的。谎言最容易变得熟悉，因为最容易被重复。用同一个技巧指导学生写出千篇一律的作文教学时代应该结束，一个学生思想自由，自说自话的作文教学新时代应该开启！

卡夫卡说，我反对任何一种技巧。熟练的技巧，是不能成就一流的作品的。如果能，李白的公子就是诗人，鲁迅的儿子就是作家了。习作，不是技巧的行为，而是一次诞生。一如“睡秋雨”同学的佳作，是一次生命的诞生。与其他任何诞生一样，你听说过，妇女是诞生孩子的能手吗？诞生和技巧合不到一起，没有熟练的分娩。请不要相信所谓熟练的写作技巧能让学生分娩出好的作文的任何人与任何课。因为法国哲学家加缪说，“荒谬的东西不会带来解放，它只会带来禁锢”。我是第一个逃出来向你放倒“消息树”的人——技巧是给骗子保留的。在没有真正教育艺术家的地方，这些骗子就出来活动。

习作指导固态化

笑声中，我们感到一次习作指导固态化向习作指导动态化的破冰之旅已经开始。

——题记

习作指导固态化，是习作教学的最大流弊之一。

不久前，我们推门听课，恰巧三位老师上的课都是三年级的习作指导课《自我介绍》，他们在不同的教室面对不同的学生，用同一种款式的“介绍外衣”——我叫什么，今年多大，外貌长相，身高体重，家庭成员，兴趣爱好，个性特长——让学生套进去。结果可想而知，学生的习作，都像穿了特定“制服”似的，千人一面，失去个性。像这种套路的“自我介绍”习作教学，记得我上小学的时候就是这样教的，我的孩子上小学的时候也是这样教的，我不敢保证将来我的孙子不被教成如此没有一点创意的“自我介绍”。这种一成不变的固态化的习作指导教学要变革，要有新的样态，比如，可不可以转变成一种动态的习作指导教学呢？

他山之石，可以攻玉。于是，我们请了一位外教老师给全体语文老师上一节《自我介绍》。

他有几个教学环节，让听课的老师们眼前一亮。

剪影式自我介绍

他先请一位同学侧面站到黑板前，头贴近黑板，老师用粉笔在她头部的外围快速画出大体轮廓，“剪影”跃然黑板之上，同学们觉得很好玩，快意得哈哈大笑。

接着，他在白板上放上黑色卡纸后，请几位对“剪影”感兴趣的学生站在投影仪前面。学生的身体挡住了投影仪的光束在卡纸上形成阴影，老师沿着阴影把轮廓描下来。然后，他出示一张幻灯片，微笑着说，“可以像图片这样在剪影中写一写让人一下子就能认识你、了解你的关键词”。做完之后，他请全班同学来猜一猜这些作品分别是谁的剪影。

指纹式自我介绍

他说，除了剪影，每个人的指纹也是独一无二的身份标志。在指纹的纹路中写下关于自己的种种，也是很酷的表达！

数字式自我介绍

下面这个和数字有关的自我介绍也让我印象深刻：

六分之一的我是一个老师，六分之一的我是一个未婚妻，六分之一的我是一个女儿，六分之一的我是一个学生，六分之一的我是一个朋友，六分之一的我是一个阿姨，全部的我，是 Ms. Dente。

这段话用简单的数字说明了一个道理：每个人在这个社会上都有着不同的身份。身份越多意味着你和他人产生交集、拥有相同点的机会就越大。

不管我们来自哪里，有着什么样的肤色与面孔，相同的社会身份让我们有了相似的经历与感受。只有体会到这一点、确认了自己与他人的交集，我们才能做到求同存异，在尊重他人的身份背景的同时，也不卑不亢地爱护自己的身份。

看了 Ms. Dente 的习作指导课，我们请参加上课的学生代表和听课的老师谈谈自己的想法。一位学生说：“Ms. Dente，你什么时候再给我们上作文课？”“如果我们的《自我介绍》习作指导依然还是涛声依旧的话，‘00 后’的孩子怎么能有兴趣，再愿意登上那‘破’船！”听课老师的幽默感言，让大家开怀大笑。

笑声中，我们感到一次习作指导固态化向习作指导动态化的破冰之旅已经开始。当然，也仅仅是个开始。

作文指导要瘦身

臃肿的作文指导就像一头庞大的骆驼难以带着蚕丝穿过围绕学生习作的迷路，而最终使难题迎刃而解的却是一只毫不起眼的小蚂蚁。

——题记

缘于爆米花般的语言膨胀，肥皂剧似的情节演义，现在习作教学时的指导日趋臃肿，健康状况令人担忧。譬如，老师常常在审题立意、谋篇布局、遣词造句上滔滔不绝地指导，一节课只留十几分钟、几分钟甚至一分钟都不留给孩子写作，有的干脆让学生课外去写。如此臃肿的指导，真想把你的影子加点盐，腌起来，风干。学生作文是写出来的，不是老师不厌其烦地讲出来的。在此，呼吁作文指导要瘦身，即指导环节要简约。其本意在于倡导教师自觉追求一句话就能指点迷津，一个动作就能点石成金的理想境界。这里提供一篇实践的教例，供同仁研讨与参考。

“啪!”

课伊始，我出其不意地将一块湿漉漉的抹布倏地掷在了黑板上。黑板上立时诞生了一朵“水花”，“水花”瞬时舞蹈为一幅“水画”。

“水画”磁铁般强烈地吸引着每一个孩子的眼球。

望着惊奇不已的孩子们，我相机诱导：“此刻你们一定思绪万千，何不把看到的、听到的、想到的，随手写下来呢?”

这个现场创设情境的习作指导，简单而不简约。三分钟，一个动作，一种声音，一副表情，一句话语。节省时间，简化手法，是最“瘦身”的指导，让我成功地点击了孩子们心灵的鼠标，激活了孩子们丰盈的想象。孩子们的思绪像镜子反光似的旋即回应，语言春蚕吐丝般的绵延挥洒。30 分钟之后，孩子们的作品异彩纷呈——犹如万千片绿叶无一色同，一如万千堆火焰无一形近，宛如万千朵彩云无一宗似。限于篇幅，仅举三例，以飨读者。

水 花

六年（1）班 林梦仙

上午第三节课，孙老师匆匆地走进了教室，手里拿着一块湿抹布，只见他敏捷地把那玩意儿往黑板上一掷，刹那间，黑板上便盛开了一朵“水花”。同学们被惊呆了……

“咦？老师为什么这样做呢？他这样做有什么用意呢？”正当我们感到莫名其妙的时候，孙老师微笑着说：“请把你们看到的、听到的、想到的写下来，好吗？”

我双手托着下巴，两眼盯着湿抹布在黑板上“吻”开的“水花”，不禁陷入了沉思。那仿佛是一幅天气预报图，告诉我们今天可能会下雨；又仿佛是一道飞流直下的瀑布，令我想起了外婆，想起那天下午，外婆带着我去雁南山，看到的那一道雄伟壮观的瀑布……我还未来得及多想，再看看黑板，哎呀！“瀑布”在渐渐消失，唯有几颗闪亮的“星星”（水珠）还挂在那里，顿时，“一颗、两颗、三颗……”天真的数星星时呢喃的耳语便在我的耳边回响。倏地，我想起中秋节那晚，我和表弟聚集在后院里，望着迷人的夜空，观赏着圆圆的月亮，数着天空中疏朗的星星，品尝着富有情意的月饼，而外公、外婆在谈古论今，舅舅、舅妈在谈天说地，爸爸、妈妈在谈笑风生……在甜蜜的回忆中，黑板上的“水花”俨如昙花一般消失了，但它勾起的我的美好回忆却不曾消失！

抹布诞生了“水花”，“水花”激起了我的想象之花。花，是血肉的绽放，精神的投影。

水痕，我因你而觉悟

六年（1）班 李婉婷

黑板上那块抹布打湿的水痕，我目不转睛地注视着……一秒，五秒，十秒……水痕渐渐地消瘦着，十厘米、五厘米、一厘米……它很快蒸发了。

如果不是耳闻目睹，我不会相信水痕曾经美丽地在黑板上走了一遭。如果不是水痕的提醒，我还不知道我正美丽地走在大地上，有一天也会这样渐渐地消失呢。

水痕一分一秒地逝去，不正验证了时间的残酷吗？“滴答、滴答”的时间啊，无情地带走了水痕，终将无情地带走一切，包括我自己。

望着消失的水痕，我明白了没有任何人可以斗得过时间。我们只能好好地珍惜、充分地利用时间。

水痕，我因你而觉悟。

敲醒中国人的声音

六年（1）班 刘莹

“嘭”的一声，让静静地坐在教室里等待上课的同学们着实吃了一惊。

那是孙老师将一块湿抹布掷在黑板上发出的声音。那声音是任何人撞击黑板都可以发出的，但那样引导我们写作文的方式又不是随便什么人都能想得出来的。那就是用心，就是创新。

“嘭”的声响，我的耳畔响起另外一种声音——一种敲醒中国人的声音——余光中、莫言、苏童、马原等在上海复旦大学演讲，共同呼吁拯救优美的中文。余先生一针见血地指出：“在欧美文化狂潮的影响下，中国人必须保持冷静的头脑，英文充其量是我们了解世界的一种工具而已，而汉语才是我们的根。当你的女友改名为玛丽，你怎能送她一首《菩萨蛮》?”

难道国人现在不讲中文了吗？不写中文了吗？中文已经到了灭绝的边缘了吗？“拯救”这个字眼多么迫不及待而且触目惊心啊！

现在，我还不可能完全听懂一代作家高瞻远瞩的疾呼，但我懵懂地觉得，能写出“床前明月光”那样千古绝唱诗句的人少了，能写出《红楼梦》那样鸿篇巨制的人少了。是不是善于运用优美中文去创造好文章的人越来越少了？

“嘭”的声响中，同学们异彩纷呈的作文出现了，优美的中文得救了。

作文指导的瘦身首先意味着教学的目标简洁。沧海横流，只取一瓢。厚厚一本辞海，查的只是一个词条。小猫抓不到鱼，皆因它目标太多，蝴蝶要抓，蜻蜓要抓，青蛙也要抓，哪来那么多手脚。作文指导也一样，如果目标太多，审题、立意、选材、谋篇、布局，什么都要抓，那么也就有可能什么都抓不到。

其次意味着教学的“非指导性”。“非指导性”意味着承认学生不是空着脑袋走进作文课堂的。它不排斥写作过程中技能技巧的相机传授。它更大地强调情感因素，强调情境的创设，强调此时此刻的情景直接进入学生的情感领域而成为学生写作的内驱力与催化剂，而不是单向度地凭借一种理性的方法力图重新组织情感。上文教例证实：沉浸在“非指导性”的情感氛围中，学生的习作常常以一种更快的速度更加深刻地进行，并且更广泛地弥散到学生的生活和行为中去。

最后意味着教学的巧妙导写。一根蚕丝怎样才能穿过千回百转的迷路——一个孔很细很细、曲曲折折的有机玻璃管。有的人说用一根细细的针，但这样的针哪里去找，即使找到了，谁又有本事不断地让它“委曲求全”，一根不会兜圈子的针，凭什么带领一根蚕丝穿过漫漫长夜一般的黑洞？也有的人说那是不可能的事情，更有人说，蚕丝可以穿过去，但前提是把迷路切开……

其实，大可不必。仅需一只蚂蚁就行了，把蚕丝拴在蚂蚁的身上，小小的蚂蚁就会像我们人类走大路一样，把蚕丝从入口带到出口。当然，如果在出口处放一块糖，蚂蚁就会爬得更快一些。

设若把迷路视为学生作文的困境，蚕丝则是需要解决的问题。臃肿的作文指导就像一头庞大的骆驼难以带着蚕丝穿过围绕学生习作的迷路，而最终使难题迎刃而解的却是一只毫不起眼的小蚂蚁。瘦身的作文指导不正是一只巧慧导写的小蚂蚁吗？

第四章

上课

妈妈家长学校现场招聘

迅速崛起的公开课4.0，追求的是从0到1，或者说是从无到有，意味着执教者要善于创造、创新，通过自行开发教材、自主教学设计、自动公开教学、自觉独立反思的创课过程，进而实现公开教学质的垂直性层级跨越，由此开辟一个生态公开课的“蓝海市场”。

——题记

【教学实录】

一、导入对话

师：白泥坑小学六年级的孩子们，下午好！

生：老师好！

师：非常高兴，能有机会和大家一起学习！

请看这个词语，（投影“评委”）齐读一下。

生：评委。

师：目前，你能理解的评委是什么意思？

生：在歌舞表演节目中做评判的人。

师：哦，喜欢看歌舞类节目吧。

生：评出好坏，打出分数。

师：言简意赅。如果有机会，你愿不愿意做评委呢？

生：愿意。

师：喜欢参与，很好！

师：“妈妈家长学校现场招聘”，请看投影——

招聘对象：凡是当了妈妈的都可以应聘。

招聘职位：家长学校教师一名。

招聘要求：应聘者须提供一段怎样教孩子的小视频。

招聘评委：在场的各位学生。

招聘过程：观看小视频，做出取舍，写出理由。

招聘监督：监督评委取舍的理由是否公平、公正。

二、对话小视频

师：现场招聘第一环节——请评委们观看小视频，边看边思考。先看第一个小视频——《丫妈妈教小丫》。（约4分钟）

（小视频《丫妈妈教小丫》梗概：一个四岁大的小女孩，泪眼滂沱地坐在一个小凳子上，在妈妈急迫的提示和催促下，一遍又一遍地背乘法口诀，可是小女孩始终将“三五一十五”背成“三五三十五”，妈妈越指责，孩子越害怕，惶恐的眼神，畏惧的表情，满眼的泪花，大喊的抗议——“我从小到大就这么一句话……这三五也太难了……一点也不简单啊……”）

（学生看着小视频，时而捧腹大笑，时而凝神思考）

师：小视频深深吸引每个人，你们看得目不转睛，一定有自己的思考。

下面我们再看第二个小视频——《鸭妈妈教小鸭子》。（约2分钟）

（小视频《鸭妈妈教小鸭子》梗概：鸭妈妈站在台阶上等着小鸭子自己上台阶。显然第一个台阶离地面不高爬上去不成问题，从上第二个台阶开始，便有了分化——只有一只率先登上第二个台阶，其余的虽然用力，但是一下子还是上不去。这时，第二个台阶上的捷足先登的那只小鸭子已经当仁不让地开始向第三个台阶进行了第一次起跳，结果人仰马翻，跌落下来……这时，稍稍歇了片刻，积蓄了体能的它又从台阶的左侧发起了第二次冲锋，虽然没有成功，但是它又快速换到台阶的右侧进行起跳，第三次，它成功地跃上了第三个台阶……接下去，又有三只小鸭子也登上了第二个台阶，它们不畏多次摔跤，也成功地跃上了第三个台阶……随后，十一只小鸭子都上了第三个台阶。最后，只剩下一只小鸭子在向第三个台阶做第六次试跳……鸭妈妈始终在等待，等待最后一个孩子上来……第七次，最后一只小鸭子也成功了……）

（同学们看得津津有味，眉宇间流露着兴奋，眼睛里放射着光芒）

师：两位妈妈，都在教自己的孩子。看了两个小视频，作为评委，就要对他们的行为做出客观公正的评价。两位妈妈只能有一位获得家长学校教师职位，请评委做出取舍，写出理由。

（生动笔写作，教师播放背景音乐，巡视指导）

（约 15 分钟）

三、分享对话

师：文字落下，就是你美丽的容颜。有人说，孩子是自己的好。习作就是你精神的孩子。如果喜欢自己精神的孩子，就美美地把自己的习作读一读。

（生自由读自己的习作）

师：现代人的特质，就是懂分享。同桌互换习作，彼此分享“评语”。看看别人是怎样述说理由的，他（她）哪里说得好，是我没有想到的，哪怕是一个词、一句话，都值得我学习、借鉴。

（同桌彼此交换，欣赏习作）

师：下面大家共同分享习作——读一读你的评选理由。有没有愿意监督评委的，听听他（她）取舍的理由是否公平、公正？

（三位同学毛遂自荐）

师：好！你们三位的职责是——

生：听听评委写出的理由是不是合情合理。

师：好！三位监委，希望你们认真履行职责，秉公执法，做好监督工作。台下一双双雪亮的眼睛在看着你们呀！

（笑声）

生：放心，一定不辱使命！

（鼓掌）

师：哪位评委敢为人先，上台宣读自己的评选理由。

生：（一位女同学自告奋勇走上讲台）从视频 1 可见，第一位妈妈只会一味地教孩子死记硬背，这种方法在她的孩子身上显然是不成功的，最终的结果是让孩子讨厌背诵乘法口诀，丧失学习的兴趣，甚至觉得学习就是一种煎熬。

视频 2 中的鸭妈妈教育方法很独特，它放手让孩子自己上台阶，至于每个孩子从哪个角度上，要摔多少跟头，要几次才能爬上去，鸭妈妈不去过问，只是等待。等待的方法很管用，孩子们经过自己的努力，最后全部上了台阶。

所以，我投视频 2 的鸭妈妈一票。

师：三位监委怎么看这位评委的评选理由？

生（监委1）：她说的符合事实，理由让人信服，评语是公正的。

生（监委2）："一味地教孩子死记硬背……显然是不成功的，最终的结果是让孩子讨厌背诵乘法口诀，丧失学习的兴趣，甚至觉得学习就是一种煎熬。"这几句话说得很真实。我觉得如果这样说效果更好——"一味地教孩子死记硬背……显然是不成功的，结果是让孩子讨厌背诵乘法口诀，甚至觉得学习就是一种煎熬，最终丧失学习的兴趣。"

师：嗯。监委就是监委，这样表述逻辑性更强。

（笑声）

师：各位评委的评选理由愈公开，这次评选就愈公平。继续分享"评选理由"。

生：丫妈妈因为操之过急，"牛不喝水强按头"，自己淘汰了自己。

我为鸭妈妈的不着急点赞，它让小鸭子慢慢来，让每个孩子都按照自己的能力爬台阶，不命令，不强求，不逼迫，这是很好的教育方法。看来，妈妈教育好孩子，先要教育好自己。

师：各位监委，你们怎么看他的评选理由？

生（监委3）：他有两点是我写不出来的：一是"丫妈妈因为操之过急，'牛不喝水强按头'，自己淘汰了自己"我想不到；二是"妈妈教育好孩子，先要教育好自己"，我觉得说到根本上去了。

师：你也说到根本上去了！

（掌声）

师：让我们继续分享。

生：丫妈妈和鸭妈妈都是爱孩子的。爱和爱是不同的，丫妈妈的爱是恨铁不成钢，鸭妈妈的爱是自己的台阶自己上。鸭妈妈的爱比丫妈妈的爱伟大，因为鸭妈妈的爱里有智慧

（掌声）

生：我认为应该选择视频2中的鸭妈妈，因为鸭妈妈是让孩子们独立克服困难上台阶，孩子们尽管摔了一次又一次，但它们痛并快乐着……而视频1中的丫妈妈对孩子太过严格，训斥孩子，逼迫孩子，这样即使孩子背会了也会对学习产生厌恶心理。丫妈妈的行为会让孩子认为学习是痛苦的、可怕的，会伤害孩子幼小的心灵，等她长大了，就算成才了，生命中也会缺少一

个快乐的童年，别人回想的童年是笑语欢歌，她却是泪眼汪汪……

师：监委们怎么看？

生（监委2）：回家我让妈妈看看这两个小视频。

生（监委3）：现在很多的孩子都没有童年，包括我自己。

师：捍卫每个孩子的童年，任重道远！

生：一个鸭子头不过100多克，人脑却1000多克，但是，从这两个视频来看，鸭妈妈的智慧大于丫妈妈的智慧。

生：我录取鸭妈妈，它不说一句话，不用拖和拉，小鸭子全上来啦。这种不教而教是大教。大教，能力越教越大。丫妈妈是死教硬教，是小教。小教，兴趣越教越小。

（掌声）

师：你对这节课有兴趣吗？

生：很感兴趣！

生（女生）：我觉得丫妈妈太凶了，从孩子的眼神看，她完全笼罩在恐惧之中，除了害怕还是害怕，根本无心去背诵，这是一种破坏性的教育。而鸭妈妈不一样，它仿佛知道自己的孩子就是鸭子，上台阶不可能一蹴而就，不可能不摔跟头，不可能不需要时间，等待就是最好的教育。

我想，鸭妈妈没文化，但是它懂教育。

师：请你站到凳子上，大声把结尾再读一遍。我仰视你，聆听你！

生：鸭妈妈没文化，但是它懂教育！

师：我可以把你抱起来吗？（女生点点头）我抱起的是一种智慧，一种精神。我想再次聆听你的哲思！

生：鸭妈妈没文化，但是它懂教育！

师：你将来也会做妈妈的。

生：要做就做鸭妈妈！

师：监委们，每人一句话说说自己的感受。

生（监委2）：好！

生（监委3）：我双手点赞！

生（监委1）：这是从内向外发出的声音！

……

师：我会铭记，2015 年五一节前一天，白泥坑小学的孩子们给我上了很棒的一课。你们的评语如珠！送给我做个纪念吧！

生：好！

【教学反思】

一、从 0 到 1：公开课 4.0 的核心

没有人不期待公开课的进步。进步可以有两种形式：第一，水平进步，也称广泛进步。它意味着照搬已经取得的成功经验——直接从 1 跨越到 N，水平进步容易操作，可以借鉴，可以模仿，可以山寨，甚至可以批量生产。第二，垂直进步，也称深入进步。它意味着要探索新的道路——从 0 到 1 的进步。垂直进步相对较难，需要尝试从未做过的事情。所有专家都是现存事物方面的专家，没有人是未来事物方面的专家，要成为未来的专家，远见必须取代经验。从 0 到 1，从无到有，要跳出那些“限制着人们思想方法，支配着人们行为习俗，控制着人们情感抒发，左右着人们审美兴趣，规定着人们价值取向，虚置着人们终极关怀”的伪文化精神窠臼，开拓新的疆域。这是公开课 4.0 的核心。

二、无须教育：公开课 4.0 的命脉

觉者没有教育的概念，因为他们不需要教育。上文教例中的鸭妈妈就是一位觉者。我们对教育持什么态度？将它的意义下降到最低。没有人需要教育，更不需要像上文教例中丫妈妈一样的负能量的教育和破坏性的教育，他们需要自我教育。一个懂自我教育的人必将谙熟并能把握公开课 4.0 的命脉。公开课 4.0 本身也不需要教育，它只是觉者的自醒与自觉。

三、享受对话：公开课 4.0 的精髓

研发教材是一种对话。享受这种对话，就是享受“观察、萃取、转译、组合”教材的研发过程。

教学设计是一种对话。享受这种对话，就是享受通过创造与对话来认识我们生活在其中的世界。这种从 0 到 1 的教学设计，是色彩、形态、质地、素材、节奏、空间、运动、点、线、面、体的生态组合。

享受对话是一种对话。享受这种对话，就是享受对话过程中生命的须臾体验。在生命的须臾体验中，教师个体生命的短暂、微弱和渺小被消解，取而代之的是教师感受的是一种生命能量的释放——在教室里开天辟地，把自己当成日月，照亮每个学生，不投射任何恐怖的阴影，不隐藏任何掌控的企图，只释放本心的能量，不期待，不强求，不按照自己的一厢情愿试图修改孩子的基因——让其都开成一朵花，都结成一种果。正如上文习作教例中孩子们灵性的舒展，心性的怒放，个性的彰显。这种须臾的生命体验，超越时空，无生无灭，不去不来，定格人心，当下圆成。它使教师从世俗的身份地位、欲念诉求等桎梏中超脱出来，回归优游自得、逍遥自在的幻化之境，在这种片刻心性自由的对话中领略创造力的伟大。

享受对话是公开课4.0的精髓。舞台是凝固的美，舞姿是灵动的媚。与其艳羡与钦慕那一支支婀娜多姿的芭蕾，不如关注与解读红舞鞋里那一个个磨成肉团的脚趾。

我和“公平”有个约会

很难讲究竟是什么使得关于一个人或者一节习作教学创课变得有价值，也许是某种公正、诚实、开放的人格吧。这正是我们习作教学创课所要秉持的一种信仰，有了这种信仰的创课者，就会在孩子身上去做春天在樱桃树上做的事情。

——题记

【教学实录】

一、梦中情人“公平”长得啥样呢？

师：我们将要约见的梦中情人——“公平”长得啥样呢？像西施？像维纳斯？还是……语言可以画画，请用一句话描绘一下你这位“梦中情人”的模样。

（先动笔，再交流）

生：公平就是天平两边分别放了一样重的两个玻璃球。

师：形象！

生：它长发飘飘，瓜子脸，丹凤眼，小巧的嘴巴，甜美的笑容。

师：这是你“梦中情人”，美哉！但她的“公平”在哪里？

生：她走到哪里，美就跟到哪里，无论到哪里，无论谁看，她都不收费。

师：风趣、幽默！

二、梦中情人“公平”来了，请你认一认。

师：请你认一认哪些是“梦中情人”，一句话写出你确认的理由。

（出示一组词语：1. 妈妈　2. 阳光　3. 法官　4. 死亡　5. 空气　6. 时间）

（学生判断，写出理由，然后交流）

生：我认为法官是公平的，他会按照法律的规定，公平判案。

师：有异议吗？

生：一般情况下，法官断案可能是公平的，但是在特殊的情况下，譬如，在收受贿赂的状况下，他的断案就可能有失公平。

师：换句话说，法官的公平是相对的，而不是——

生：绝对的。

生：死亡是公平的，每个人都有入土的那一天，因为这个世界上既没有人长生不老，也没有人天长地久。

师：这是生命的规律。

生：我觉得死亡是公平的，人无论早死、晚死，都得死。

师：语言简约，表达精准！

生：我认为时间是公平的，无论对老人、对孩子，对男人、对女人，对中国人、对外国人，一天都是二十四小时。时间公平地把一个个风度翩翩的少年变成一位位白发苍苍的老人，任何一位白发老人都回不到英俊少年了。

师：时间一往无前，永不折返。

生：时间没有快慢，只以同样的速度延伸，这看上去是公平的，却也是不公平的，同一时间的战场上，杀戮者也许觉得公平，对被杀戮者来讲就是不公平。

师：时间公平与否，在于怎样利用时间。

生：阳光是公平的，它使得花有花的花期；时间是公平的，它使得草有草的旺季；死亡是公平的，它使得人有人的归期。

师：你的语言有诗意、哲意、禅意。

生：阳光、死亡、空气、时间都是公平的，因为每个人都拥有阳光，都能呼吸空气，时间不会老停在一个人那儿，我们每个人都会生老病死。

师：先做了一个整体的判断，然后又述说理由，表达出自己的理解！

生：我认为空气、阳光、时间和死亡都是公平的，因为这些东西都是可以一起分享的，都是平等的。阳光不会因为谁一贫如洗就少给他们一缕，也不会因为谁腰缠万贯就多给他们一缕；空气不会因为你土豪就给你清新的，也不会因为你贫穷就给你污浊的；时间不会在任何人门前多停留一分一秒；

死亡对所有的生命都会如期而至。

师：三分写，七分读。我们再来聆听她的朗读。

（生读）

师：语言如小溪流水，欢快清新！

生：同样的孩子，妈妈往往会有所偏爱，有时不能一碗水端平，所以妈妈不是绝对公平的；同样的案子，法官如果不能执法如山，有私心杂念，往往就不能公平断案，所以，法官也不是绝对公平的；阳光、死亡、空气和时间都是不偏不倚的，所以，它们是公平的！

师：不公平的是什么，为什么？公平的是什么，为什么？表达逻辑层次清晰。

三、你的梦中情人“公平”，有时会受到一点儿小委屈，怎么办？

师：同学们，你的梦中情人“公平”，有时会受到一点儿小委屈，你该怎么办？

生：安慰。

生：打抱不平。

生：那要看受到什么样的委屈？

师：请看一段视频。

（生观看视频1，其大体内容：我们让孩子做了些家务，他们有的倒垃圾，有的擦玻璃，有的擦车，有的扫楼梯……但是，我们给女孩的报酬比给男孩的少……一个女孩问：“为什么他得五澳元，我得两澳元？”……你觉得这样公平吗？）

师：哲学家孟德斯鸠说：“对一个人的不公，就是对所有人的威胁。”面对对女孩的不公平，我们应该怎么办？请用笔说话！

（生习作）

师：请分享你的对策！

生：我们的劳动都是一样的，为什么报酬不一样？

师：质问“为什么”。

生：我觉得与其每次遭遇不公平都去问为什么，不如提高自己，让别人不敢对自己不公平。

师：用提高自己地位的方法，震慑制造不公平的人。

生：我觉得我们应该放松心情。在这个世俗的生活中，不可能每个人、每件事都公平。我们不去抱怨别人的不公，也不去计较事情的不平。豁达一些，不公平就少一些。

师：从另外一个角度讲，凡事看淡了，不公平与公平似乎都不见了。超然！一种你这个年龄少有的超然！

生：如果要保障真正的公平，就要依靠法律。比如，法律规定，男女同工同酬。

师：理性，文明！

生：倒垃圾，擦玻璃，擦汽车，扫楼梯……看上去都是在干活，其实，也有区别，只要是劳动，就会有区别，要根据劳动量支付报酬。

师：依据劳动的质量、劳动创造的价值来支付劳动报酬。真会思考！

四、如果是小猴子遭遇不公平会怎样呢？

师：如果是小猴子遭遇不公平会怎样呢？你的推测是——

（生想象习作）

师：请自由交流。

生：我的推测是如果小猴子是个猴王，它会带领一群小猴子造反。譬如，会向对它不公平的人扔香蕉皮，让他摔倒！

师：想象比较有趣！

生：直接和对它不公的人打起来。

师：武力反抗。

生：猴子是有头脑的，它会用智慧解决这个问题。

生：面对不公，如果小猴子自己摆不平，一来可以请求朋友援助，二来可以把不公者告上法庭。

师：有智慧！我们一起看一段心理学家拍摄的视频《当小猴子遭遇不公》。

（生观看视频2，大意：实验室笼子里的两只小猴，每次按实验人员要求取一粒石子，就被奖励一块小黄瓜，当其中一只猴子被奖励的小黄瓜变成了一粒葡萄，另一只小猴子看到后，就把手中的小黄瓜投向实验员……）

五、最近，瑞士全民偶遇“大众情人”——“公平”，你怎么看？

师：最近，瑞士全民偶遇“大众情人”——“公平”。

（生观看视频3，视频中主持人说：“瑞士最近全民公投，给全部公民无条件地发钱，每个人每个月2500瑞士法郎，相当于人民币16000元，相当于港币20000元，连每个孩子也有600多瑞士法郎，这么一件于民有利的大好事，但是在进行公投的时候，瑞士国民竟然有70%的人投了反对票。”）

师：这个短片告诉我们一件事——国家无条件给公民发钱，每人每月2500瑞士法郎。什么事都不用做，待在家里面，睡醒了钱就送来了。就是这么一件“天上掉馅饼”的好事，也许在很多人看来这绝对是件公平的事，不论男女老少，大家都有份儿。但在瑞士进行全民公投时却有70%的公民投了反对票！这真是一群“傻子”，有“公平”却不懂享受！请书面发表你对这种“公平”的看法。

（生习作）

生：我觉得这种所谓的“公平”只是别人给你的，而不是你自己劳动换取的。

生：我反对这种“公平”的做法，因为这是别人白白给你的，不是你自己劳动得来的。我认为，国家给每个人发这么多钱，只出不进，即便是再富裕的国家，最后经济也会支撑不了的。

师：真棒！小小的年龄能够公平地看待这件事。

生：天下没有也不应该有免费的午餐，只有劳动了才能有收获！

师：免费的午餐我们不能吃。要滴自己的汗，吃自己的饭。

生：每个人做的事情不一样，劳动强度也不一样，有的人做得多，有的人做得少，还有的人不做事，如果这样每个人都发同样多的钱，我觉得是不公平的。

师：你爷爷80多岁了，不做事，不给他发钱可以吗？

生：我认为能做动事情的人就要努力去工作。爷爷年轻时做过事情，老了，干不动了，应该老有所养！这才公平！

师：老有所养，少有所为。这才公平！

六、如果梦中情人——“公平”，在家庭里缺席了会怎样呢？

师：我们来看一看，一个梦中情人“公平”缺席的家庭，母女常常会因小矛盾闹僵，这样的家庭是怎么样过日子的？

（生观看视频4）

妈妈：想不想不吃饭？

小女孩：我不是跟你说了吗，我要吃饭。

妈妈：你要吃饭对不对？那你知道你错在哪里吗？

小女孩：你已经知道干吗还问我？

妈妈：我知道啊，但是你不知道啊，我惩罚你，不让你吃饭，就是想让你知道你错在哪里啊！

小女孩：（哭）那你也不能这样啊！

妈妈：我怎么样啊？

小女孩：那你也不能这样欺负小孩子啊！

妈妈：我是为了教育你走正路，把性格改过来！

小女孩：我的性格就是这样，没法改！

妈妈：你的性格就是这样没法改，那你就不要做我的孩子。我的孩子是乖巧听话的，只做妈妈的好孩子，脾气倔强的孩子我是不要的。你说我这样教育你是不对的，那别人是怎么样教育孩子的？你说说看，为什么别人的孩子那么乖，我家的孩子怎么那么坏？

小女孩：这就是性格！性格你不懂吗？好坏又不是我自己决定，是老天决定的！

妈妈：性格是老天决定的？你是妈妈生出来的孩子，你是妈妈教育的，你是老师教育出来的孩子，跟老天有什么关系呢？你自己说。

小女孩：就有关系！

妈妈：你说我教育你不对，那别人是怎么教育的？

小女孩：别人就是你跟她说她就会知道了，而你是直接骂我，这是不对的！

妈妈：我现在是不是在好好跟你说，我有没有骂你？

小女孩：你刚才就骂人，而且打我很久了！

妈妈：那你为什么要把遥控器扔掉啊？

小女孩：因为你惹我生气了！

妈妈：我跟你说要吃饭了，把电视关掉，吃饭时不能看电视，你为什么要扔掉东西？

小女孩：那我为什么不能看啊？

妈妈：我说不能就不能，食不言寝不语，你知道吗？吃饭的时候就不要说话，不要看电视，你不懂吗？《三字经》里面教的什么？学《三字经》没用是吧？老师教的没用是吧？明天开始不要读书，今天晚上开始不要吃饭。

小女孩：你敢?!

妈妈：我就是敢！

小女孩：你敢我就报警！

妈妈：你去报呗！

师：小女孩果真报警了。你就是接警的警官。常言道，清官难断家务事。梦中情人“公平”驾到，警官就能“公”断家务事。你是个具有独立思考和判断能力的警官。请你站在中立的立场公平裁决——写裁决词。刚才有同学说了法官是公正的，现在让你来做法官，你来评判一下小视频中母女俩谁讲的话有道理？

（生书写，几分钟后交流）

师：谁愿意扮演视频4中的小女孩？

（一生上台）

师：请你邀请台下一位老师，扮演你的妈妈。

（生邀请一位年轻女老师上台）

师：请愿意做“警官”的同学自愿前来断案。（一对“母女”和“警官”同时站到前台）警官贵姓？

生（警官）：文。

师：文警官请你公平断案！

生（警官）：我认为，你们说的都有道理，说出了对方的缺点，但是就是不知道改正自己的缺点。你们互相指责对方的缺点，这一点做到了，但是，还要改正自己的缺点，这才是最重要的。

师：女儿对文警官的断案服气吗？

生（女儿）：嗯，还行。

师：妈妈呢？

妈妈：你觉得我的缺点在哪里？

生（警官）：你应该心平气和地跟女儿说，不要这么凶。

妈妈：我不是凶，我是在教育她。

生（警官）：你教育她应该是用温柔的语气对她说话，这样她才能更好地接受。

妈妈：太温柔她不听怎么办？

生（警官）：她不听你可以再细细地给她讲一下。

妈妈：你不觉得她是属于性格很倔强的那种吗？

生（警官）：那你就要改变她的性格啊！

师：“警官”在和我们这位“母亲”当场对质，母亲在向警官讨教怎么样才能把孩子教育好的问题。感谢这位警官“公平断案”，也谢谢“妈妈”和“女儿”的扮演者。

七、梦中情人——“公平”常驻的家庭，母女常常能将小矛盾化解。

（生观看视频5）

妈妈：妈妈告诉你一件事，好吗？

女儿：好啊！

妈妈：妈咪今天真的好饿，然后……我不想让你伤心，但是，我吃光了你的糖果。

女儿：（面部表情在不停地变化：由平静到伤心，到双目盈泪，再到破涕为笑）妈咪，那真的让我有点伤心。

妈妈：你会怪妈妈吗？

女儿：（撇着小嘴，摇了摇头）不会啦！只是有点伤心而已。（说着用胖乎乎的小手抹了抹眼角的泪水）

妈妈：嗯，那真的让你伤心。

女儿：因为……因为你吃光了我的糖果。

妈妈：我那时真的好饿。

女儿：你应该……应该吃……（天真地）那会让你头疼耶。

妈妈：因为吃光所有糖果吗？

女儿：对啊！

妈妈：但我没有不舒服耶！

女儿：你应该喝点水。

妈妈：我应该配水喝对吗？

女儿：是啊！那到下次圣诞节我就不会再伤心了。我不想让我的糖果，没有跟我讨论就被你吃掉。

妈妈：但是今年我吃光了这些糖果。你会不会怪我？

女儿：（摇了摇头）不会！我只是有点伤心。但是等到明年圣诞节，我们可以一起分享我的糖果喔。

妈妈：好！我知道错了！你真的贴心！你真的不会生我的气吗？

女儿：喔，我今天得到了这个喔！（说着举起一个书夹）

妈妈：你不会因为糖果生气吧？

女儿：（高兴地）不会啦！我还有这个！（说着从书包里又拿出一个画夹）

妈妈：你不介意你的糖果，是吗？

女儿：嗯嗯，我不在意啦！

妈妈：喔，你真好！你不会生我气吧？

女儿：不会！

妈妈：你只是为了分散注意力，所以才不会生我的气。

女儿：我是……有点生气啦，但也不那么气啦！

妈妈：有什么可以补偿？

女儿：那你多花点时间陪我好啦！

妈妈：那这就是我可以补偿的吗？

女儿：是啊！

妈妈：那当然可以啦！爱你喔！

女儿：我爱你！（吻了一下妈妈）

师：如果我们从“公平”角度出发，你认为视频 5 中妈妈对待孩子的最大“公平”是什么？写出能证明你观点的理由。

（生写作）

生：我认为视频 5 中妈妈对待孩子的最大公平是诚信。首先，妈妈承认自己因为饿吃光了女儿的糖果；其次，妈妈承认自己错了；最后，妈妈愿意用陪伴女儿的方式做出补偿。

师：首先、其次、最后，说理井然有序。

生：我认为视频 5 中妈妈对待孩子的最大公平是爱。妈妈是爱女儿的，她怕女儿伤心，怕女儿生气，所以才开导她。正因为妈妈开导有方，所以女儿才不生妈妈的气，不仅不生她的气，最后还说“我爱你”！所以，妈妈爱女儿，女儿爱妈妈，爱是公平的。

师：你这段话里用了三个“所以”，去掉“所以”，读得通吗？

生：嗯！

生：一般情况下，妈妈吃了女儿的糖果，会觉得是天经地义的事情，根本不会意识到糖果是女儿的私有财产，没跟女儿讨论，就“私吞”了她的财产，这可能是一种错误。任何人都可能犯错误，犯错误就要承认错误，更重要的是要进行补偿。这才是公平的！

生：我觉得视频5中妈妈对孩子的最大公平，就是交心，她不因为自己是妈妈、是大人，就不允许孩子有自己的小情绪、小脾气、小个性，她给孩子表达的机会与空间，她让孩子释放与发泄……

师：她让孩子有机会成为她自己，这就是母亲，公平交心的母亲！

生：我觉得妈妈最大的公平，就是承认错误，用多陪伴孩子的实际行动做弥补。

师：妈妈陪伴女儿，花时间在女儿身上，这就是最大的公平。孩子眼里的公平，是多么天然与纯粹啊！学习了，受教了！

……

师：每个人的内心都有不同的自我。自我渴望公平，哪怕是妈妈和幼小的孩子。彼此都可以公平对话，对话可以产生变化。

公平，旨在追求一种均衡—— 一切上升或者坠落、旋转或者破碎的事物都有一个优雅的终点。

今天——

生：我和“公平”有个约会。

师：明天——

生：“公平”和我相亲相爱。

师：下课。

生：什么时候再给我们上这样的作文课？

【教学反思】

一、习作教学创课，是一种重构。

不解构无以重构。解构什么样的习作教学呢？或许我们不知道习作教学怎样才算好，但是我觉得，学生觉得不好，学生不喜欢，那绝对不会好。

于是，我问当下的孩子，“最不喜欢什么样的习作教学课？”命题作文首排第一位。“为什么？”我问孩子们。“牛不喝水强按头呗。”说得也是，命题作文，往往是上课铃一响，作文题一出，时间一到，学生就得完成。写得出要写，写不出也要写，玩不成任务，就要被打板子。这种严重强迫人的意志的粗暴行径讨人厌，自在情理之中。

排在第二位不受学生欢迎的是用一套机械的写作技法，强迫孩子入格，如果不买所谓“写作方法”的账，则被视为不合要求，要重写！第三位遭孩子厌恶的，就是要求学生死记硬背“优秀作文”，然后让学生改头换面地套作……生硬的命题，僵化的技法，无聊的套作，既然不受写作主体学生的欢迎，我们为何不解构这种陈旧的教学方式，重构受学生爱戴的习作教学呢？审辨式习作《我和“公平”有个约会》的创课就是基于此的一种重构的尝试。这节课结束，上课的学生还说，“什么时候再给我们上这样的作文课？”

学生为什么对这样的课充满喜爱，无限期待？首先因为这节创课有趣、有启思：譬如，七个教学环节问题的设计一个比一个妙趣横生，审辨思考一个比一个铿锵有力。这一重构的习作教学方式，板块组合充满创意，话题思辨充满张力，学生的思考不是浮在表面，而是潜入“海底”。听，学生的妙音——“一般情况下，妈妈吃了女儿的糖果，会觉得是天经地义的事情，根本不会意识到糖果是女儿的私有财产，没跟女儿讨论，就‘私吞’了她的财产，这可能是一种错误。任何人都可能犯错误，犯错误就要承认错误，更重要的是要进行补偿。这才是公平的！”“我觉得视频5中妈妈对孩子的最大公平，就是交心，她不因为自己是妈妈、是大人，就不允许孩子有自己的小情绪、小脾气、小个性，她给孩子表达的机会与空间，她让孩子释放与发泄……”如上孩子的习作，俨然是同时潜入思维深海的两尾鱼，他们的语言有着不同斑斓的美。其次因为这节课开放、包容。每一个板块的选题都具有开放性，譬如，“最近，瑞士全民偶遇‘大众情人’——‘公平’，你怎么看？”这是一个开放性的话题，学生可以见仁见智，哪怕有些出格的看法，也能得以包容。这样，更有助于学生广开言路、各抒己见、自说自话。当然，创课的重构不是随心所欲的乱构，而是有章法又不失法度的。本节创课紧紧围绕“公平”这一中心说事，学生的习作呈现出了一种“百鸟朝凤、各鸣佳音”的多声部的审辨思维新乐章。

二、习作教学创课，是一种接受。

接受什么呢？

还是先回顾实录中的视频3，对此，学生书面表达了自己对这一“公平”的看法：“我反对这种‘公平’的做法，因为这是别人白白给你的，不是你自己劳动得来的。我认为，国家给每个人发这么多钱，只出不进，即便是再富裕的国家，最后经济也会支撑不了的。”

在我看来，习作教学创课，就是抛弃自己的一切意图与偏见，随时接受学生突如其来且不知来自何方的声音。这个声音不是来自教材文本，不是来自教者，不是来自约定俗成的文字，而是来自没有说出来的那部分，来自客观世界中尚未表达出来而且尚无合适的词语表达的部分。孩子们已经发出了这种声音，教师还有什么不能接受的呢？

三、习作教学创课，是一种信仰。

它是一种怎样的信仰呢？

村上春树说：“这是我写作的时候一直记在心里的东西。……在一面高大、坚固的墙和一只撞向墙的鸡蛋之间，我将永远站在鸡蛋的一边……试着这样想：我们每一个人，都或多或少的，是一枚鸡蛋。我们每一个人都是一个独特的、不可替代的灵魂，而这灵魂覆盖着一个脆弱的外壳。这就是我自己的真相，而且这也是你们每一个人的真相。而且我们每一个人，程度或轻或重的，都在面对着一面高大的、坚固的墙。而这面墙有一个名字，它的名字叫作‘体制’……我们每一个人都拥有一副脆弱的，但活生生的灵魂。而体制一无所有。我们一定不能任由体制去剥削我们。我们一定不能允许体制有它自己的意志。因为体制并不创造我们，是我们创造了体制。”

风平浪静的时候我们是想不起信仰的，只有在充满挑战和不确定性的地方，信仰才会盛行。

每一所学校，每一间教室，每一节课，无不充满挑战；每一位教师，每一个学生都有不确定性。所以很难讲究竟是什么使得关于一个人或者一节习作教学创课变得有价值，也许是某种公正、诚实、开放的人格吧。这正是我们习作教学创课所要秉持的一种信仰，有了这种信仰的创课者，就会在孩子身上去做春天在樱桃树上做的事情。

失落的一角

大圣若凡，大道至简。简约是一切事物的本体。本体潜蕴着生命张力的基因。教学中，一旦回归了绘本欣赏与习作指导简约的本体，就放飞了师生生命共同体张力的自由——自由地用自己的眼睛看，自由地用自己的大脑思想，自由地用自己的笔触表达，自由地按自己的空间生长，自由地按自己的轨道翱翔。

——题记

【教学实录】

师：来自全国各地的老师们，下午好！这是一节“处女课”，她将嫁给一双双会审美的眼睛，以及一颗颗追求品位的心灵！

（掌声）

师：孩子们，下午好！（神秘地）我从好远好远的地方来，给你们带来一份十分养眼的礼物，想不想一睹为快？

生：（群情激奋、充满期待）想！

师：请闭上眼睛。我倒数五个数字，然后再睁开眼睛，就能看到“礼物”。五、四、三、二、一，请看屏幕——

（播放配乐动漫《失落的一角》，时长 5 分钟）

师：我发现了一个世界上最美最美的场景，就是一双双眼睛，被屏幕上的画面深深地吸引。动漫《失落的一角》仿佛一个巨大的磁场，牢牢地吸引了在座的每个人的眼球。喜欢这部动漫的请举手。

（小手如林）

师：喜欢总有喜欢的理由，快快拿出笔，翻开本子，在上面写出你喜欢的理由。只写一条理由，时间 2 分钟。

（生奋笔疾书）

师：下面，请说说你喜欢的理由吧！

生：这个动漫有声音，有画面，很吸引人。

师：难怪每个人都看得目不转睛。

生：我感觉这个动漫很有趣，因为从它的音乐、画面中感受到了一些幽默。

师：“幽默”，关键词。

生：我非常喜欢这个动漫，轻松的画面，激情的音乐。

师：好！画面、音乐，和谐统一。

生：故事情节，给我留下了一个坚强的印象。

师：“坚强”，关键词。

生：这个动漫让我懂得了世界上没有过不去的坎，没有克服不了的困难。

师：哲理般的思绪，诗一样的描绘。好孩子！

生：虽然它是一段没有色彩的故事，但它告诉了我很多、很多……

师：画面是黑白的，我们的想象却是五彩缤纷的。

生：它让我懂得了一个道理：十全十美什么都不缺的时候，也不一定是最幸福的。

师：将来的哲学家就这样初露端倪了！

生：这个故事令我深思。

师：深思是最有内涵的。

生：它告诉我很多、很多……

师：很多、很多的后面就是省略号，引人深思。思考是绽放在大脑里最美的花朵！

生：动漫告诉我，对于圆球来说，可谓有得有失。

师：辩证地看问题，了不起！

师：一千个观者，就有一千个解读这个动漫的角度。有人曾经拿了三块“敲门砖”，来敲击它，试图擦燃火花。先看第一块“敲门砖”。

请读一读屏幕上的文字。

（投影）

主题一：未完成

（1）梁山伯与祝英台，罗密欧与朱丽叶……

——让人低回叹息的伟大爱情，是未完成的。

（2）项羽自刎乌江，拿破仑兵败滑铁卢……

——令人感动的英雄伟业，是未完成的。

（3）曹雪芹的《红楼梦》，舒伯特的《未完成交响曲》……

——使人百读不厌的作品，是未完成的。

……

【思绪】未完成是一种生活常态，是一种生命状态，也是一种人生态度。唯有未完成，才有不断的追求。

师：人生中的每一件事情都有未完成的时候，未完成，就是要不断地追求，不断地努力。这块"敲门砖"，敲击我们的心门，让我们思绪——

生：万千。

师：让我们浮想——

生：联翩。

师：看，第二块"敲门砖"，请读一读。

（投影）

主题二：高贵的残疾

从盲诗人荷马，到双耳失聪的大音乐家贝多芬，双目失明的大作家赫尔博斯，全身瘫痪的大科学家霍金，当然，还有又盲又聋又哑的永恒少女海伦·凯勒；从受了腐刑的司马迁，受了膑刑的孙子，到盲人阿炳，以及坐着轮椅在文字之境中自由驰骋的史铁生。

古今中外，高贵的灵魂，举不胜举。他们的肉体诚然缺损了，但他们的生命因此也缺损了吗？

师：身体可以缺损，精神可以缺损吗？有力的叩问，深度的思考。

请看第三块"敲门砖"！

（投影图片）

主题三：残缺美

师：这是——

生：维纳斯。

师：有人尝试为她接胳膊，不知有多少人花了多少心思，接来接去，感觉还是不如原来的美。

师：这是——

生：圆明园。

师：看看这残垣断壁，想象它历经的沧桑。

师：这是——

生：罗马柱。

师：看看它的残缺，想象它曾经的创伤。那么，我们怎样来欣赏残缺呢？

（生齐读）

【欣赏残缺】

一个只能接受完美的人，他看到的总是残缺，所以，总会受到残缺的伤害。

相反，一个能欣赏残缺的人，看到的都是美，因为他能从残缺中看到美，所以，这世间反而无处不美。

师：三块“敲门砖”，既敲击动漫，与动漫对话，又敲击心扉，与我们的心灵对话。你们一定有自己的想法。闭上眼睛，静思片刻，想一想有什么话要说？

（生闭目静思）

师：拿出你的纸和笔，你此刻最想说什么，就快速写下来。当文字落下的时候，那就是你最美丽的容颜。时间不超过 9 分钟。

（9 分钟过后）

师：请放下手中的笔。同桌交换作文，彼此做读者。快速浏览，画出你最欣赏的一句话。

（生边读边画）

师：你有一个苹果，我有一个苹果，彼此交换的时候，各自得到——

生：一个苹果。

师：你有一篇作文，我有一篇作文，彼此阅读的时候，每人得到——

生：两篇作文。

师：这就是共享。

师：请读你的作文。

生：世界上有很多人为了达到自己的梦想失去了手或脚，但他们的精神没有残缺，还继续向着自己的梦想前进，这些人都是可敬的。

师：这句话写得好！一个六年级的孩子懂得有追求就要有所付出，掌声鼓励。

生：十全十美不一定是最美的，有时残缺也是一种美，它能勾起人们的记忆，带给人们无限的遐想。例如，北京的圆明园，它的残垣断壁能唤起人们对清政府与八国联军的痛恨和振兴中华的信念。

师：请改一改，是英什么联军，是英国和哪一个国家烧的圆明园？

生：英法联军。

生：世界上没有一样东西是完美的，每个人或每样事物都有优点也有缺点。有时候残缺也是一种美，那是一种残缺的美。

师：请把你的文章拿到讲台上来，跟我一起走，让我牵着你的手，这一段路非常好走。（*笑声*）你叫什么名字？告诉大家。

生：张艳南。

师：张艳南同学，你非常棒！我还愿意聆听，像心灵在场的每一个同学一样愿意聆听你的习作。拿起你的文章来，像播音员一样大方、自然地读一读。

生：世界上没有一样东西是完美的，每个人或每样事物都有优点也有缺点。

师：现场问一下，孙老师有没有优点？

生：有。

师：比如，我的长相——

生：眉清目秀。

师：改成“浓眉大眼”可能更符合实际。

（*笑声*）

生：我觉得孙老师的眼中闪着智慧的光芒。

师：谢谢！

生：我觉得孙老师的脸是非常严肃的。

师：但是，孙老师的心却是非常和善的！这样一转折就出彩了。

你有没有发现孙老师的缺点。比如，你看一看——（转过身）

生： 头发稀少。

师：（自我解嘲）前面看很帅，后面看少了一块。你怎么解释我这里少了一块。

生： 聪明绝顶。

（掌声）

师： 聪明但愿不绝顶，这样就更好了！

（笑声）

生：（插话）有时候残缺也是一种美。

师： 你们俩联手“评议”我，一个说我聪明绝顶，一个说我是“残缺的美”。异曲同工啊！

生：（插话）英雄所见略同。

师： 好一个英雄所见略同！

（掌声）

师： 你们俩握握手，好吗？

（男女生握手）

师： 孙老师把她这篇文章宝贝一样地欣赏了一番，每个人都要像孙老师一样再次欣赏自己的作文，看看哪个地方还可以修改得更好一点。然后你要告诉大家，你原先怎样写的，现在怎样改的。哪怕修改了一个字甚至一个标点符号都好。好文章是写出来的，更是改出来的。

（学生修改作文2分钟）

师： 谁愿意先来念一念自己的作文？举手的很勇敢，愿意到前面读的更勇敢。

（三位男生走向讲台）

师： 男生就是男生。（笑声）其实女生更厉害，暂时是“显龙”卧凤。

（笑声）

师： 做了父母的都知道，孩子是自己的好，有人说文章就是自己精神的孩子。文章自然是自己的好！

师： 爸爸妈妈都是怎么喊你的名字？

生： 儿子。

（笑声）

师： 就像喊儿子一样，亲切、自然、真情地读读自己的文章。看看三位男生的表现。

生： 一些伟人，譬如，海伦·凯勒、贝多芬……虽然他们身残，但是他们的精神却更加崇高，永垂不朽。

师：“更加崇高，永垂不朽。”如果你读第二遍的时候，肯定连标点符号都能读出来，不信试一试。

生： 一些伟人，譬如，海伦·凯勒、贝多芬……虽然他们身残，但是他们的精神却更加崇高，永垂不朽！

师： 最后读成什么标点符号了？

生： 感叹号。

师： 原来读成了什么标点符号？

生： 句号。

师： 这样就叫读得好，读出了感情！

生： 一个东西它的身体残缺了，可它的心灵却是圆满的。反之，一个身体不残缺的东西，它的心灵却可能是残缺的，所以我们要学会欣赏残缺的东西，因为终有一天我们会在残缺中发现美，到那时，我们便可发现世界上无处不美。

（掌声）

师： 你要告诉我，你有没有恐高症？

生： 没有。

师： 我扶着你，站到凳子上去。（顺手搬过来一个凳子）

（在老师的搀扶下，生站到凳子上）

师：（用手比画了一下，站在凳子上的同学比老师高）一个精神巨人“诞生”了。

（笑声）

师： 再听一听“巨人”的声音，欣赏一下他充满哲理的习作。

（生害羞的气息吹响了话筒）

师： 他这是未成曲调先“蕴”情。

（笑声）

生：一个东西它的身体残缺了，可它的心灵却是圆满的。反之，一个身体不残缺的东西，它的心灵却可能是残缺的，所以我们要学会欣赏残缺的东西，因为终有一天我们会在残缺中发现美，到那时，我们便可发现世界上无处不美。

（掌声）

师：请回位。

（下一位男生可能有些害怕，不自然，身体不停地扭动）

师：像我一样站着，我就是你的榜样。（示范站姿）

（模仿，立竿见影）

师：好孩子，进步很快。

（笑声）

生：有时完美并不是最美的，军人失去了他的手脚，那是他勇敢的象征；圆明园失去了往日的风光，留给人们却是无尽的深思……

（掌声）

师：掌声就是对你习作的最好认可！回位，你看，乐颠颠地回去了。

（笑声）

师：刚才，是“显龙”腾飞，现在是“卧凤”翻飞。哪一个女孩子敢挑战男生？大家推荐一位女生吧。

生：陈诗尧。

师：你叫——

生：陈诗尧。

师：诗尧同学，拿好你的习作本，对你的要求比较高，一会儿有特写镜头的。

生：人生不可能……

师：不用慌，酝酿好感情了吗？

生：没有。

师：同学们的眼睛是雪亮的。

生：（饱含感情）人生不可能总是十全十美的。

师：你发现当她一酝酿感情的时候，她后面的马尾辫怎样了？要看细节啊，会看的看门道，不会看的只能看热闹。再读第一句。

生：人生不可能总是十全十美的。

师：有没有新发现？

生：（恍然有悟）她头后的马尾辫总是左右摇摆的！

师：多会欣赏啊！女生做最细微的动作通常都是男生发现的。

（笑声）

师：请诗尧同学接着读。

生：有的人腿瘸了，但是他看别人走得正；有的人精神瘸了，他却说别人走得歪。前者难道不可爱吗？后者难道不可笑吗？

（掌声）

师：你有一个最高的精神享受，把这几句话准备好了，拿好话筒。孙老师发挥一下奥运赛场上的举重精神，把你抱起来，你再读读。（抱起学生）

生：人生不可能总是十全十美的。有的人腿瘸了，但是他看别人走得正；有的人精神瘸了，他却说别人走得歪。前者难道不可爱吗？后者难道不可笑吗？

（掌声）

师：来也匆匆，去也匆匆。匆匆相见，又要匆匆分手，分手之际，让我们说一声——

生：Byebye。

师：起立！（做了一个飞吻的手势……）

（笑声）

【教学反思】

这是一节集“指导、习作、讲评、欣赏”为一体的作文公开课。40 分钟之内，高规格、高质量、高品位地完成这一系列的规定动作，一如奥运赛场上的平衡木比赛，除了把过程的紧张、惊险留给自己，还要把结果的艺术与享受留给观众。

一、享受这节课的艺术，意味着享受它的简约与张力。

简约与张力，缘何可以当作一种作文教学的理念实践到这种大型的公开课中呢？

先从一个 QQ 对话片段谈起——

“对美国教育的评价是……一句话。”

“比较简单、踏实，注重学校教育对学生生活的实际意义。”

这是著名特级教师黄爱华与去美国读高三两个月的儿子黄铭禹的对话片段。

同样的话题再对话黄铭禹上了高三的原校友。

答曰：“考试。”

黄铭禹与昔日同学分别两个月，当刮目相看。他对美国教育的理解启发了我们对本土教育的深度审视与积极叩问：教育，当让谁点头，谁鼓掌？

设若，教育要让学生点头与鼓掌，那么，其宗旨就要追求“简单、踏实，注重对学生生活的实际意义”。

“简单、踏实，注重对学生生活的实际意义”这一学生的教育体悟，可否视作一条习作教学的理念并化作一种教法惠泽学生呢？

“简单”，意味着举凡科学的，经过复杂的组序之后，最终的表现形式与操作方式都是简单的。譬如，鼠标一点，世界万象尽收眼底；电钮一按，飞船遨游太空。

“踏实”，意味着大凡生命延续与张力久远、强大的，都须固本培元。因为，根深才能叶茂，源远方可流长。

“生活的实际意义”，意味着生命主体活得更美好，更有品位。

教育要使学生的生活有品位，如许多美丽愿景需要具体而微地落实到每堂课上的每个细节之中。

在我看来，一个优秀的习作教学指导者，要做到简单，就要自觉变轨，认同自己是宇宙的儿童，永葆儿童的单纯，与儿童的心灵接轨，教学手法可能会由此变得单纯起来；要做到踏实，就要自接地气，真实地包容人间丰富的情感、体验和思想，教书育人的细节可能会越来越卓尔不凡；要注重作文对学生生活的实际意义，就要怀揣着一颗丰富单纯的初心，脚踏实地行走在课堂中，开启学生对生活真、善、美的精神渴望与热切追求，终将育出硕果。

设若，一颗被各种人际关系与应试教育的利害计算占据着的、缺乏精神内涵的贫乏的心灵主宰了课堂，浸泡其间的学生如何能够心悦地点头、诚服地鼓掌呢？

二、简单是复杂的反极，是一种省事的方法和手段。

简单不等于简约。简约是优良品质经不断组合并筛选出来的精华，是将物体形态的通俗表象，提升凝练为一种高度浓缩、高度概括的抽象形式。简约是一种品位，是一种大气和最直白的“行为语言”。

简约的心态是以现代生活为背景的。

现代人的快节奏、高频率、满负荷，已让人到了无以复加的地步。人们在这日趋繁忙的生活中，渴望得到一种能彻底放松、以简约和纯净来调节转换精神的空间，这是人们在互补意识支配下，所产生的亟欲摆脱烦琐、复杂、追求简约的心理。这也是人们喜欢阅读绘本的动因。

三、《失落的一角》：一线，一角，一圆，一色，运用了最少的绘画语言，表达了最深的思想内涵，可谓简约。

绘本简约，言约意丰。它在有限的画面与文字空间里容纳了多种意义。这种多义性表现为意义的多向度性，使整个文本空间内的冲突多样化、丰富化，从而积聚了大量的张力。张力随着熔铸在文本的形式层面与内容层面之中的情感，在从不平衡到平衡再到失衡的动态过程中跌宕展开，且呈高频率震荡。吸引读者的眼球，让其爱不释手。

四、大圣若凡，大道至简。

简约是一切事物的本体。本体潜蕴着生命张力的基因。教学中，一旦回归了绘本欣赏与习作指导简约的本体，就放飞了师生生命共同体张力的自由——自由地用自己的眼睛看，自由地用自己的大脑思想，自由地用自己的笔触表达，自由地按自己的空间生长，自由地按自己的轨道翱翔。

沙画人生

习作教学的评赏有两个层面，一个是学生自读自赏，另一个是共读共赏。

——题记

【教学实录】

一、激情导入

师：我说几句话，请大家仔细听，听听哪句是真，哪句是假？

——我叫孙建锋。

——我是一位女老师。

——上课之前我们见过面。

——今天上课的内容大家已经知道。

生：你叫孙建锋是真的，因为主持人介绍了你的姓名。

师：谢谢主持人的介绍，也谢谢你记住了我的名字。

生：你说你是女老师是假话，你分明是个男老师嘛。

师：能看出我的性别来，说明你能分清男女，也说明我很男人。

（笑声）

生：我们课前没有见过面，也不知道今天上课的内容。

师：是的，我们刚刚见面。见面礼物我已经给大家准备好了，想不想要？

生：（异口同声）想要！

师：这是一份非常养眼的礼物，想不想一睹为快？

生：（迫不及待）想！

二、打开思路

师：请大家欣赏一段视频——

（播放视频——沙画表演《人生》）

师：同学们，请闭上眼睛，回忆一下，你们看到了什么？想到了什么？

（学生闭目回忆，梳理思绪，约 2 分钟）

三、自由习作

师：慢慢睁开你的双眼，请看屏幕，把你看到的、想到的、感受到的，动笔写下来。体裁不限，题目自拟。完成时间 25 分钟。

（学生拿出本子，开始习作）

师：（回头对在座的听课老师说）亲爱的老师们，学生们干他们的活儿，我们做我们的事情。请欣赏一段平板画艺术的 PPT，小学习作的艺术奥妙，就蕴含在下面的平板画艺术里。因为这个平板画的艺术和我们指导学生习作的艺术是相通的。

（播放配乐平板画 PPT，听课的老师们观看，学生在 PPT 似有若无的背景音乐中轻松愉快地练习写作）

（师逐一巡视指导学生习作，并开展个性化的辅导）

四、欣赏写作

师：同学们，文字落下，就是你美丽的容颜。我们要怀着一种什么样的眼光来欣赏“你美丽的容颜”？

（课件出示“第一个环节：自读自赏”）

师：你怎样理解自读自赏？

生：自己做自己的读者，自己欣赏自己的文章。

师：说得好！在爸爸妈妈的眼里，孩子是自己的好；文章就是你精神的孩子，你一定喜欢自己的精神之子。喜欢它，就放开声音地读，美美地读。

（学生放声朗读自己的习作）

师：朗读自己的习作，声音成为你习作的外化。通过朗读，别人一听，就能听出你对自己文章的喜爱程度。谁愿读一读自己的习作？

（生自告奋勇）

师：报一下自己的姓名。

生：我叫李光俊。我文章的题目是《沙画》。

今天看到了一幅感人的沙画。沙画中，父母看到自己的婴儿感到很高兴，脸上洋溢着幸福。

师：他刚才读到，脸上洋溢着——

（师把话筒对着同座的一个女生）

师：你听出了哪个词用得比较好？

生：洋溢。

师：（回到读作文的男生身旁）少女读懂了少男的“洋溢”。

（同学们一听哄堂大笑）

师：请继续往下读！

生：父母亲都为孩子降临到这个世界而高兴、开心。

师：这个句子听上去——

生：高兴、开心，意思重复了。去掉“开心”。

师：再读读修改后的句子。

生：父母亲都为孩子降临到这个世界而高兴。

师：嗯，接着读下去。

生：岁月流逝，昔日的孩子一转眼就来到了他人生的中年。他的父亲也去世了，只剩下老母亲一个人。

老母亲在电视上看到了自己远在他乡工作的儿子，就想去找他。但不幸在半路上去世了。儿子知道母亲去世的消息，就来到了母亲的墓地忏悔，悔当初不该把年迈的父母放在家里，那是永久的悔恨啊！

师：子欲养而亲不待！

生：可以肯定的是，天下的父母都为了孩子好，把一切都给了孩子，可是最后他们又都得到了什么？

师：得到了什么呢？

生：他们什么也没得到，但是他们是心甘情愿地付出。

师：可怜天下父母心啊！

生：那是不求任何回报的父母心！

（全班自发鼓掌）

师：请再报一下你的姓名！

生：李光俊。

师： 孙老师送给李光俊同学一份礼物。人家送红包，我送信封。红包有红包的用意，信封有信封的含义。这里面可是精神食粮啊！请课后再打开吧。你们想不想要？

生： 想要！

师： 机会不是等来的，机会是靠争取的！让我们一起走进——

（课件出示“第二个环节：互读互赏”）

师： 同桌彼此是读者，交换习作欣赏。

拿出你的笔，默读一遍你手中的习作。如果你认为有一个字写得好，请在下面加一个点；一个词用得好，在下面加一个三角符号；一句话写得不错，在下面画一条波浪线……你还可以从旁写一两句赞美的话。当然了，如果你发现手中的习作错了一个字，有的句子还需要疏通，标点符号用得不恰当……请你做个语言医生，好不好？

（生边默读边批注同桌的习作）

（师边巡视边提示：文章的美无处不在，关键是要有一双善于发现的眼睛）

（3 分钟过后）

师：（请一生把同桌的文章放到投影仪上）告诉同学们，你欣赏到了什么？

生： 我同桌的习作，给我印象最深的就是用词恰当，比如潸然泪下、目不转睛、年过花甲、悲痛欲绝……

师：（走到男生的同桌边）你的同桌在欣赏你的用词得当。你叫什么名字？

生： 秦诺雅。

师： 诺雅，你习作中的“潸然泪下、目不转睛、年过花甲、悲痛欲绝”这些词语哪儿来的呀？

生： 平时读书积累的。

师： 诺雅的习作还有什么可赏之处呢？

生： 她还有一句话写得很好，写出了她自己的所感。

“父母是天底下最爱你的人，无论你做错了什么事都依然会原谅你。尽管到了生命的最后时刻，父母还是想着你……”

师： 这句话好在哪里？

生：她写出了天底下做父母的共同的情感。

师：这是为人父母的通感。你对她的文章还有什么建议吗？

生：她的文章中有一个错别字。把“已”写成了“己”。

师：对此，你怎么处理？

师：建议秦诺雅同学到黑板上写一写“已经”和“自己”。

师：你表扬了诺雅用词恰当，同时也指正了她的错字。诺雅还不赶快谢谢你的一字之师。

（诺雅给同桌鞠了一躬）

生：（同桌）不用客气，谁都会犯错，改了就好！

师：信封奖给两位同学。

（鼓掌）

师：同学们，如果说第二个环节比第一个环节有意思，那么第三个环节将比前两个环节更精彩。

（课件出示“第三个环节：众读众赏”）

师：这个“众”字怎么写的？

生：三个人。

师：是的，那么你们选三个人吧。有没有自告奋勇到前面来的？

（两个女生自愿上台，一个男生在老师的鼓励下也上去了）

师：好，站好了，我现在来考考你们三人一个问题。如果说，我手里有一个苹果，你手里也有一个苹果，我们交换过来，每个人手里有几个苹果？

生：一个。

师：你有一篇文章，我有一篇文章，我们交换读过，你读到了几篇文章？

生：一篇。（其他同学都笑了，说读到了两篇）

师：他很诚实，他用苹果来套用他的文章。有几篇？

生：两篇。

师：为什么？

生：因为他读了自己的一篇，而且还欣赏了别人的一篇。

师：刚才你们都读了自己的文章，又都读了同桌的文章。现在再一起来读他们三位同学的文章，这就叫作“众读众赏”。你们三位，谁先开始读？

生：我的题目是《沙画艺术表演》。

今天我看了一场感人的沙画艺术表演。表演者是一位金发碧眼的女艺术家，她用自己灵巧的双手为大家奉献了一场精彩的沙画艺术表演。

首先映入眼帘的是一个用沙子铺成的平面，黑乎乎的，什么也看不见。接着女艺术家就用她的手在上面画来画去，不一会儿，一个宇宙就浮现在我们的眼前，大大小小的星球。紧接着她又在海边画了一个抱着婴儿的妇女。

渐渐的，这个画面变成了一幅画。坐在旁边的是一个小男孩，他手里拿着调色板，正准备往上面画东西。忽然，只见一些沙子从天而降，落在了小男孩的嘴上方，这小男孩倏地变成了长着胡子的中年男子，他的脸上依然流露着笑容。接着女艺术家又把沙子平推，只见她的手龙飞凤舞，两个笑眯眯的老人就诞生了……

师：他的文章哪里最值得你欣赏？

生：“渐渐的、忽然、倏地”场景描写，瞬息万变，人生变化无常。

生：“接着女艺术家又把沙子平推，只见她的手龙飞凤舞，两个笑眯眯的老人就诞生了……”一般情况下，诞生通常用来说婴儿的，这里说老人诞生，让人觉得有新意。

师：请第二位同学闪亮登场——

生：《一沙一世界》。

沙子能做什么？有人说，沙子可以做一个沙包；有人说，沙子可以建高楼大厦；还有人说，沙子可以灭火。但在今天，我亲眼看到了沙子的魅力，沙子可以带给我们人生感悟。

孙老师给我们看了一个沙画视频，让我们感受了沙子的一种独特魅力。随着一曲曲优美的音乐，一堆看似稀松平常的黄沙却被一双不同寻常的手改变了。我们看到了沙画里所描绘的人的一生，从出生到求学到工作再到结婚。日子带走了爸爸，带走了妈妈，人走了，家空了。

有家的时候常回家看看，家是生命的港湾，家是一个灵魂永久的归宿。

（台上台下响起一阵热烈的掌声）

师：这是发自内心的掌声！这是大家对你习作赏识的掌声！（躬身面对身边第三位待读自己习作的同学）你有信心赢得大家更热烈的掌声吗？

生：有！

生：（一字一顿）013。

师：这是你家的房号？

生：（摇了摇头）不是！

师：这是你和我对的暗号？

生：也不是！

师：它是——

生：我作文的题目。

师：好一个“013”！美目传神！好题诱人！

生：0是妈妈怀孕时的大肚子！

1是单身时的爸爸、妈妈。

1加1等于3，爸爸加妈妈再加我等于三口之家。

3减1等于0，我长大了，我从家里面飞走了，家里就没有我了。

3减1等于0，岁月如刀，刀刀伤人，岁月带走了爸爸，爸爸永远回不了家了。

3减1等于0，岁月不留人，岁月抢走了妈妈，妈妈去了很远、很远的地方。

013，家从无到有；310，家从有到无，此事古难全。

（掌声热烈响起）

师：你姓什么？

生：我姓周。

师：名字叫什么？

生：佳慧。

师：佳慧，佳慧！最佳智慧。这哪里是文章，这简直是童话版的哲学教科书！今天，我有幸欣赏到你的哲理美文！你愿意让我抱一下吗？

生：愿意。

（高高抱起周佳慧，全班鼓掌）

师：孩子，我愿意再次聆听一遍你的习作。

（满怀自信地高声诵读自己的习作《013》）

师：我女儿像你这么大的时候，如果她写出了一篇与众不同的文章，你知道我送给她什么礼物吗？

生：我想知道！

（躬下身子，在周佳慧的前额上轻轻吻了一下）

（台上台下热烈鼓掌）

师： 下课。

（学生看着老师，伫立良久，依依不舍地离开座位）

【教学反思】

一、沙画激趣　不吐不快

脑科学研究表明：学习效率的高低取决于有关的大脑皮层区域是否处于良好的状态，若某一区域的兴奋状态占优势，就是大脑皮层中形成优势兴奋灶，即大脑皮层几个有关的神经细胞形成一个同步的兴奋优势，它可以将大脑皮层其他部位的兴奋性吸引过来，加强自己的兴奋度，同时使其他部位呈现抑制现象，这就是大脑皮层的优势法则。根据大脑皮层的“优势法则”，激发习作情趣，引导学生体验习作乐趣，就会形成一种良性的习作兴趣链：情趣促写→写而生乐→乐而需学→学而生悟→悟而生知→知而乐写→写生情趣……激发情趣的方法很多，可以因课因生去创设，特别是因生创设稀缺。在传统教育那里，习作教学的重心在儿童之外，在教师，在教科书以及考试所高兴的任何地方，唯独不在儿童喜爱的游戏或者活动之中。一个长期被禁锢在轮椅上的人，我们很难指责他肌肉不够发达。现在，我们的习作教学已经发展到“童本”时代，任何人都不能以“关爱”的名义把任何一个孩子禁锢在轮椅上，因为轮椅上的孩子已经“发现”了自己的双腿，他们已经站了起来：走向自己感兴趣的习作。

所以，在本课教学之前，我征求学生意见，关注他们的兴趣点，他们喜欢“沙画表演”，我便遴选沙画《人生》。它出自乌克兰艺术家西蒙诺娃之手，故事跌宕起伏、扣人心弦，那一沙一天国的曼妙，宛如一块巨大的磁石，吸引着每一个学生的目光。学生被这“雌雄同体”的沙画艺术迷住了，有一肚子的话要说，可谓不吐不快！

二、自说自话　自由表达

习作课上，沙画《人生》激发了孩子们的写作兴趣，当孩子们处于奋笔疾书、不吐不快的时候，也是其灵魂出窍的时候，要竭力避免惊扰和打断他们的灵魂。那“灵魂”仿佛是每个孩子心中的“持续低音”，这种有节奏的音乐几乎和心脏一起跳动。这说明孩子们已经和沙画《人生》产生了共鸣，即和故事中人物的“持续低音”产生了共鸣，和生命世界的“持续低音”产生了共鸣——“我们看到了沙画里所描绘的人的一生，从出生到求学到工作再到结婚。日子带走了爸爸，带走了妈妈，人走了，家空了。有家的时候常回家看看，家是生命的港湾，家是一个灵魂永久的归宿。”对于一个灵魂来说，除了自说自话、自由表达，不被干扰和阻碍以外，难道还存在着另外一种法则吗？

三、自读自赏　共读共赏

在我看来，习作教学的评赏有两个层面，一个是学生自读自赏，另一个是共读共赏。前者，意味着学生习作的第一读者是自己。自己要欣赏自己的习作，如果自己都不欣赏自己的习作，怎么指望别人欣赏自己的习作呢？所以，学生习作之后，既要给学生自读自赏的机会，又要培养学生自读自赏的意识。有了这个意识，就有走向了“评读”的大教教道。至于怎样评赏，那则是因人而异的小教教术了。后者，意味着同学们的习作要共同分享。《沙画人生》的欣赏环节，正体现了这样的评赏意识。

之所以要“自读自赏、共读共赏”，是因为人只有在相互之间说点什么，其语言世界才会一点一点增长，一寸一寸长大。从这个层面上讲，人的语言世界，或者说精神世界是靠彼此对话相互喂养的一个成长过程。基于此，审美的习作创课教学认为，每一个人都是一个语言的圈子，这种有着界标的语言圈子和其他有着界标的语言圈子发生接触，从而出现越来越多的语言圈子。由此产生的总语言，永远伴随着内在对话的无限性。这种真正意义上的习作对话教学，是要学生每个人都有机会说出一点东西，而不是通过老师给出预定的信号，应是寻找一些借此能与他者联系的新语境。一如学生的习作——“0 是妈妈怀孕时的大肚子！1 是单身时的爸爸、妈妈。1 加 1 等于 3，爸爸加妈妈再加我等于三口之家。3 减 1 等于 0，我长大了，我从家里面飞走了，家里就没有我了。3 减 1 等于 0，岁月如刀，刀刀伤人，岁月带走了爸爸，爸爸永远回不了家了。3 减 1 等于 0，岁月不留人，岁月抢走了妈妈，妈妈去了很远、很远的地方。013，家从无到有；310，家从有到无，此事古难全。”这就是一个印证！

修得一颗柔软心

我蹲下仰望学生，
孩子是心中明月。
明月照亮了课堂，
课堂美成了天堂。

——题记

【教学实录】

一、课启

师： 有位诗人说，妈妈是宝宝与天使的第一次相遇。

有一只“萌萌哒”的猴宝宝刚刚出生。看——

（投影一只毛茸茸的猴宝宝）

（生盯住看，脸上洋溢着喜爱之情）

师： 猴宝宝瞪大葡萄似的黑眼睛，张着小嘴，告诉我们：它渴望遇到“天使”啊！

有人给它请来了两位“代理妈妈”（投影图片）——

一个钢丝妈妈，怀揣一只奶瓶；一个毛巾妈妈，身上没有奶瓶。

你猜它会选哪一个妈妈？

请用笔说话——

我认为猴宝宝会选择________妈妈，因为________。

生： 我认为猴宝宝会选择钢丝妈妈，因为有奶就是娘！

（哄堂大笑）

师： 俗语用得恰如其分。

生： 我认为猴宝宝会选择毛巾妈妈，因为毛巾妈妈温柔，小猴子会感到温暖。

生：我认为猴宝宝会选择毛巾妈妈，因为毛巾妈妈比较柔软，柔软就是天使，又因为“妈妈是宝宝与天使的第一次相遇”，猴宝宝不选择毛巾妈妈还会选择谁呢？

师：让实验揭开谜底——

（播放小视频：一天的时间里，小猴子和毛巾妈妈待在一起的时间超过22小时，和钢丝妈妈待在一起的时间少于1小时）

（生目不转睛地观看）

师：这个心理学实验证明，一只小猴，除了吃奶的生理需求外，还有一种更重要的需求——接触柔软。

师：从提出假设（小猴子更喜欢和哪个妈妈待在一起），到实验验证（小视频），再到得出结论（小猴子更喜欢和毛巾妈妈待在一起，它喜欢接触柔软），这是一个人重要的学习素养——科学思维的素养。

二、课承

师：柔软，是一种生命的需求。何止是猴，人，也一样需要柔软。

哪些是柔软的——

最美的花瓣是柔软的，

最绿的草原是柔软的，

最广大的海洋是柔软的，

最无边的天空是柔软的，

最自由的白云是柔软的，

最________是柔软的。

师：请拿笔写下来。

（生奋笔疾书）

（2分钟后交流）

师：请分享你的佳句——

生：最雪白的棉花是柔软的。

生：最免费的空气是柔软的。

师：好一个“最免费的空气是柔软的”，柔软到一般人感觉不到，只有你这样的诗人才感觉得到！

生：最无私的母爱是柔软的。

生：最甜蜜的乳房是柔软的。

（哄堂大笑）

师：吃奶不忘喂奶人！没有最甜蜜的乳房就没有我们在座的每一位。“最甜蜜的乳房是柔软的”，给伟大的抽象行为艺术诗人掌声！

（热烈鼓掌）

生（女）：最飘逸的秀发是柔软的。

师：（问邻座的两位男生）真的假的？

生：真的。

师：轻触一下她（女生）的马尾辫，感觉如何？

生1：软软的。

生2：有点硬。

师：（轻轻拍了拍生1）一个心太软，（轻拍一下生2）一个心太硬！

（一阵爽朗的笑声！）

在孙老师看来，最大的柔软，莫过于柔软心了。

它比花瓣更美，

它比草原________

生：更绿。

师：它比海洋________

生：更广阔。

师：它比天空________

生：更无边。

师：它比白云________

生：更自在。

师：唯心柔软，才能悲悯；唯心柔软，才能包容；唯心柔软，才能精致；唯心柔软，才能超拔。

三、课转

师：怎样修得一颗柔软心？

孙老师给大家分享一个故事吧——

古时候在藏地，牛皮做成皮鞋之前，必须用酥油来打磨，把牛皮磨得非常柔软。这样，哪怕以后接触到水，牛皮也不会损毁。

故事启示我们——

如果说酥油好比佛教中的“法水”，牛皮就像我们的心，要不断地用“法水”来洗涤我们的心，心才会变得越来越柔软。

洗心的“法水”，无处不在。

听——

（播放《鸿雁》开头两句：“鸿雁，天空上，对对排成行……”）

你仿佛看到了天空中一行行的——

生：大雁。

师：这里有个大雁的故事，想听吗？

生：想！

师：请看——

（播放小视频：1205 年的一天，一个 16 岁的少年在应试途中，遇见了一个捕雁的人，捕获了两只大雁。一只已经死了，另一只死里逃生，却一直在天空中悲鸣盘旋，久久不肯离去，后来竟然从天空中俯冲下来，撞地而死，少年甚为震惊与感动，出钱买下了这两只大雁，把他们埋葬在汾河边上，垒石为碑，并刻字曰：“雁丘”）

（生聚精会神地观看）

（1 分钟后）

师：一只大雁被猎杀之后，另一只大雁在空中悲鸣盘旋，久久不肯离去……

我似乎听到那只死里逃生的大雁在天空中悲鸣，它在说________

我仿佛看到那只逃生的大雁在头顶上盘旋，它在想________

（生兴趣盎然地书写自己的感怀……）

师：分享的智慧才是价值最大化的智慧，请自由言说——

生：我似乎听到那只死里逃生的大雁在天空中悲鸣，它在说，我的夫啊，你为什么落在了猎人的魔掌之中，就这样弃我而去。

师：“魔掌”，对猎杀者深恶痛绝，溢于言表。

生：我仿佛看到那只逃生的大雁在头顶上盘旋，它在想既然丈夫已经离它而去，它留在世上还有什么意义。生不能同日，死可以一起。于是，它俯冲直下，撞地而死。

师：壮烈满怀！

生：我似乎听到那只死里逃生的大雁在天空中悲鸣，它在说，猎人太可恶，杀夫之恨，永无完结。有朝一日，炸药包会找到你！

师：恐怖组织的复仇心态，典型的以眼还眼，以牙还牙！

（笑声）

生：我仿佛看到那只逃生的大雁在头顶上盘旋，它在想：夫妻是一个整体，死也要死在一起。

师：双雁合一，共赴黄泉。

生：我似乎听到那只死里逃生的大雁在天空中悲鸣，它在说，猎人只是一时迷途，他会知返的。上天，宽恕他吧，他也很可怜，一个迷路的孩子！

师：心太软，你总是心太软。人，都是有原罪的。犯罪的人，也很可怜，因为他在原罪的基础上，又多加了一道罪恶。有罪，就有宽恕，宽恕仇敌，是最大的宽恕，也是最大的柔软！

……

师：一只大雁被猎杀，另一只撞地殉情。一个16岁的应试少年，闻知此事，买雁、葬雁、写雁——

（播放小视频：回家以后，少年情之所至，写下了感动千古的《摸鱼儿》："恨人间、情是何物？直教生死相许！天南地北双飞客，老翅几回寒暑。欢乐趣，离别苦，是中更有痴儿女。君应有语：渺万里层云，千山暮景，只影为谁去？　　横汾路，寂寞当年箫鼓，荒烟依旧平楚。招魂楚些何嗟及，山鬼自啼风雨。天也妒，未信与、莺儿燕子俱黄土。千秋万古，为留待骚人，狂歌痛饮，来访雁丘处。"）

（生目不转睛地观看）

师：读罢《摸鱼儿》，一派考官认为，情人多才，才子多情。情以文生，文以情成。元好问才情并茂，当以录取。

另一派考官认为，元好问"儿女情长"，答题偏离了"四书经义"，不予录取。

现在你是主考官，请拿出终审意见。

（一个个"主考官"忙得不亦乐乎）

师：请主考官们陈词——

生：元好问应当被录取。一、他有才，《摸鱼儿》堪称一等文章；二、他有情，同情关爱弱小的大雁；三、他有义，买雁、葬雁。虽然他这次考试偏离了“四书经义”，但是其文笔功力深厚，是个可塑之才，只要以后稍加培训即可。

师：慧眼识珠！

生：元好问应当被录取，因为他才情并茂。其才，《摸鱼儿》可证；其情，表现在同情一只弱小的大雁上，买雁、葬雁……社会上，难道不是弱势群体居多吗？眼睛向下，关注弱者，如此的同情心，就是柔软心。有柔软心，才能赢得广大的民心，民心所向的人不录取，还录取谁呢？

（热烈鼓掌）

师：你的心中有一杆公平的秤！为这位优秀的主考官点赞！

生：一个16岁赶考少年，可以对猎杀大雁置若罔闻，可是，他却买雁、葬雁、写雁。那“恨人间、情是何物？直教生死相许”的一问，软化了所有磐石的心肠，可谓有情有智，当以录取！

生：我认为元好问不应当被录取。考题是“四书经义”，而不是“才情诗词”，更不是“儿女情长”“豆腐心肠”。再说，元好问善发议论，如此之人，往往容易感情用事，实不适合做官啊！

师：对这样的主考官，你怎么看？

生：这个主考官才是感情用事之人。你看他的结语，用了一个“啊”字，后面还加了一个大大的叹号！这才是感情用事！

（掌声）

师：善品啊！一字未宜忽，语语悟其神！

生：元好问应该被录取，因为成为一个真正有用的人才，就该高情商、高智商。如果说元先生“儿女情长”，那不就证明主考官“英雄气短”了吗？究竟是《摸鱼儿》“离经背道”，还是“四书经义”有待发展，这考的是主考官的智商？大家说，是不是？

生：（齐声）是！

师：天若有情天亦老，一转眼，八百年过去了，反观当初，元好问有没有被录取，已不再重要了。重要的是，他留下“恨人间、情是何物？直教生死相许”的天问。及第一时荣，文章千古秀。

一曲《摸鱼儿》，将大雁的精神化为可以破解的哲学意义：大雁以最美的死亡方式，透过语言的褶皱，消失在了浩如烟海的文字宝库之中，从而实现了自身生命的历史总体化与永恒化。

师：其“雁”虽已没——

生：千载有余情。

师：你认识这位先生吗？（投影图片）

生：蟑螂！

师：你见到它的第一反应是——

生：恶心。

生：尖叫。

生：砰，踩死！

生：啪，就是一鞋底！

师：即便是一只人见人烦、人人喊打的蟑螂，也有自己别开生面的故事。

（播放配乐PPT：《一只蟑螂死在美国的大学教学楼后……》）

这天，美国德克萨斯州一个大学的教授发了个帖，说在学校教学楼一个楼梯上有一只死了的蟑螂，在那里已经有两个星期了。

2015年12月4日，一只死蟑螂身边，不知道是谁给它用纸做了个墓碑，写着“安息吧，蟑螂”，上面写着蟑螂的名字叫Rosie……

晚点的时候，蟑螂的旁边出现了一束花，还有创可贴和夹子……当天蟑螂身边的东西逐渐多了起来，有硬币、石头、玫瑰花、香烟、棒棒糖、纸条、巧克力……

第二天，这只蟑螂居然没被扫掉！旁边还多了各种汽水瓶盖、糖果等。最牛的是，有人给蟑螂做了一个棺材，旁边还点上了蜡烛……

12月8日，已经过了好几天，各种图案的蜡烛和玩具熊出现在它身旁，甚至还有人给它投了钱……

墙上的纸条写着：“Rosie，你每天早上都在那里跟我们打招呼，我们会一直思念你。”

“12月14日有一个纪念Rosie的追悼会，到时会有食物和饮料供应。”

12月16日，墙上贴满了大家送给它的诗歌：“这里躺着的是Rosie，一只自由的蟑螂。”“尘归尘，土归土。”

离别的时刻终于还是到了，12 月 18 日，在所有人的参与下，它被隆重地火化了……

它赤裸裸地来，带着满身荣誉离开。

（孩子们都看呆了……）

师：纪念一只曾经来这世界上走一趟的蟑螂。你都读到了什么？请用笔说话！

生：是哪个“小强”不重要，死在哪里才重要！

师：朦胧诗啊！

（笑声）

生：朦胧美！

生：蟑螂，活的时候，人见人烦，到处能看到卖蟑螂药的，人们巴不得它们死光光，哪有情趣悼念它。天下之大，无奇不有，美国大学去悼念一只死去的蟑螂，为什么呢？为了赚取眼球？为了哗众取宠？为了提高大学的知名度？

师：究竟为什么？提出一个问题比解决一个问题更重要！带着更多的问题走出课堂，比解决了所有问题走进课堂更重要！

生：一只蟑螂死在了美国大学教学楼后，一位好事者给它立了一个墓碑，一群人为它捐款、捐物，造棺材，写悼词，举行葬礼，以人的礼遇对待一只卑微的蟑螂，所有的生命，在追思人的眼里都是等同的。“小强”满载荣誉而归，死得荣光！

师：蟑螂的死亡，在这里，因为有了人情味，变成了一种死亡美学。

生：万物都有生命，蟑螂也是一条生命。追悼一只蟑螂，就是敬畏与哀悼一条曾经来到这个世界上走一遭的生命。在这场追悼会上，大学生们自发捐了硬币、玫瑰花、香烟、棒棒糖、纸条、巧克力……表达了共同的哀思。

生：真正的大学是拿毕业证的地方，更是有故事的地方，让人向往的地方。我想去美国读大学！

师：准备好钱了吗？

生：考奖学金啊！

师：“路”不远人，“梦”在脚下！

……

师： 蟑螂的葬礼，引发我们思考：蟑螂同人一样，也是有生命的，都是匆匆过客。举行葬礼是一种符号，遭遇死亡是一种艺术。它唤醒人们在审美中看待死亡——生是偶然，死是必然。每个人都不可避免地要在一生中同死亡遭遇。死亡是生命的一部分，生命也是死亡的一部分。它教会人们在直面死亡中审美——

生：（齐读）以宇宙万物为友，以人间哀乐为怀。

师： 记得苏东坡有首五言诗——（投影）

生： 钩帘归乳燕，穴纸出痴蝇。爱鼠常留饭，怜蛾不点灯。

师： 钩着窗帘不敢放下，是为了——

生： 让乳燕能回家。

师： 看到冲撞窗户的愚痴苍蝇，赶紧——

生： 打开窗门让它出去！

师： 担心家里的老鼠没有吃的，时常为它们——

生： 留一点饭菜。

师： 夜里不点灯，是——

生： 爱惜飞蛾的生命呀！

师： 每一个小小的善举背后都藏着——

生： 一颗柔软心。

师： 乳燕、痴蝇、老鼠、飞蛾、大雁、蟑螂……天下众生与我们一体同生，我们要用慈悲心善待众生。有了慈悲心——

生： 才有柔软心。

师： 有了柔软心——

生： 才开柔软花。

师： 这样我们才会谛听到——

生： 日落月升也有呼吸，虫蚁鸟兽也有悲欢，风里云里也有远方的消息，无声里也有千言万语……

师： 昨天，我收到两位家长的微信。

第一位家长说，教孩子们用一颗柔软心体验生命用意是好的，但是在现代社会的竞争压力下，不能让孩子“心太软”，要变得有点狼性，才好生存。

第二位家长说，真正的强者，都有同情关爱弱者之心，都具有悲天悯人的情怀。如果世界上没有了悲悯之情，人与人之间将变得冷酷无情。

请帮我回复家长的微信。

生：社会竞争是残酷的，人心却是向善的，山高水远情长。

生：“人不犯我，我不犯人”，人若犯我，法庭相见。

师：法治社会，有礼有节。

生：人应该有柔软心，有一颗柔软心并不代表遇事怕事，而是没事不惹事，有事不怕事。再说了，真正的强者应该关爱弱者，有悲悯的心。父母能陪伴孩子一生吗？父母的想法能代替孩子的活法吗？

师：铿锵有力、掷地有声！

生：真正的强者是自己活得好，也让更多的人活得好！譬如，善捐的扎克伯格就是这样的人！

师：哲思金句，熠熠生辉！扎克伯格捐出99%的股份约450亿美元庆祝女儿出生。他说：“跟所有父母一样，我们希望你成长在一个更好的世界里。”这笔善款就是用来改善大环境，让女儿活在更美好的生活里。这才是大善！

四、课合

师：柔软心，就是善心。

最大的善，就是最高的美。

美的对立面不是“丑”，而是“恶”。

恶具有极端性，因而是惨无人道的，又是平庸的、肤浅的。

恶总是要攫取、占有和破坏美。

师：在捕雁人眼里，没有生命，只有猎物。

生：这就是十足的“恶”。

师：在元好问眼里，没有猎物，只有生命。

生：这就是十足的“美”。

师：在粗鄙者眼里，只有蟑螂死亡，没有生命哀思。

生：这就是平庸的“恶”。

师：在博爱者眼里，只要生命消逝，就要寄托哀思。

生：这就是平等的“美”。

师：美，不仅能够恒久长存，而且能够包容一切、博爱一切、涵盖一切。能够以高远的智慧、宽阔的胸怀、深邃的力量与恶抗衡，使得世界存有希望，使得生活充满光明！

【教学反思】

一、少年不识月

一个人在钢筋水泥的森林里待久了，自觉不自觉进入眼里的，除了车子、房子，还是车子、房子。于是，你会觉得一切都变得比熟悉更熟悉，比陌生更陌生。

有时甚至不晓得：天在哪里，月在哪里，中天明月，又在哪里？尽管月亮还是那个月亮，眼睛还是那双眼睛。

为写此文强说愁吗？

少年不识月，越舞月零乱。

二、中天明月好

岁不宽人头渐白，天能容我眼始青。

我学会睁开心眼，中天明月有了光。

我学会迈开双腿，城市森林有了路。

我蹲下仰望学生，孩子是心中明月。

明月照亮了课堂，课堂美成了天堂。

三、山高月更明

作家麦家说，平庸的人只有一条命，叫性命；优秀的人会有两条命，即性命和生命；卓越的人则有三条命，性命、生命和使命。他们分别代表着生存、生活与责任。

创课，是最王道的教学生存，创生创生，不创不生；创课，是最有品的教学生活，是去教学，去生活，去跌倒，去爬立，去用生命再创生命；创课，是最高格的教学责任，是对自己的人生负责。创课一次，卓越一次；创课一生，卓越一生。

创课不是梦，是“想法 + 行动”。创课，要创大课。创大课，创客须是“六副”眼镜。

一是望远镜，学生戴上你，能看远——

生：真正的大学是拿毕业证的地方，更是有故事的地方，让人向往的地方。我想去美国读大学！

师：准备好钱了吗？

生：考奖学金啊！

师：“路”不远人，“梦”在脚下！

《一只蟑螂死在美国的大学教学楼后……》的PPT，抛出线索，呈现另类景象，世界仿佛就是由精妙绝伦、诙谐幽默、极富感召力的细节组成的。倏地，学生视通万里，冲破藩篱，思想舞蹈，飞舞到旷远的世界。

二是显微镜，学生戴上你，能看细——

生：我认为元好问不应当被录取。考题是“四书经义”，而不是“才情诗词”，更不是“儿女情长”“豆腐心肠”。再说，元好问善发议论，如此之人，往往容易感情用事，实不适合做官啊！

师：对这样的主考官，你怎么看？

生：这个主考官才是感情用事之人。你看他的结语，用了一个“啊”字，后面还加了一个大大的叹号！这才是感情用事！

师：善品啊！一字未宜忽，语语悟其神！

洞悉童心之至简，深谙童真之至深，了然童趣之至微，唤醒了隐藏于孩子内心的自我对话，引航孩子见微知著，不惑于事。

三是放大镜，学生戴上你，能看透——

生：真正的强者是自己活得好，也让更多的人活得好！譬如，善捐的扎克伯格就是这样的人！

师：哲思金句，熠熠生辉！扎克伯格捐出99%的股份约450亿美元庆祝女儿出生，他说：“跟所有父母一样，我们希望你成长在一个更好的世界里。”这笔善款就是用来改善大环境，让女儿活在更美好的生活里。这才是大善！

卓尔不群的扎氏，不是炫富卖酷，不是赚取眼球，也不是哗众取宠，他是将自己和孩子置于和世界的某种关系之中。这种大气、大善、大美的义举，真实而又温柔地映照在每一个听故事孩子的心像之上，很暖、很阳光。

四是太阳镜，学生戴上你，能看淡——

生：元好问应该被录取，因为成为一个真正有用的人才，就该高情商、高智商。如果说元先生“儿女情长”，那不就证明主考官“英雄气短”了吗？究竟是《摸鱼儿》“离经背道”，还是“四书经义”有待发展，这考的是主考官的智商？大家说，是不是？

生：（齐声）是！

师：天若有情天亦老，一转眼，八百年过去了，反观当初，元好问有没有被录取，已不再重要了。重要的是，他留下“恨人间、情是何物？直教生死相许”的天问。及第一时荣，文章千古秀。

世上存在着三种“时间”：一种是人的时间，从生到死，从萌发到灭亡，时光流逝、毫不停顿；一种是神的时间，恒远不朽，凝固不变；第三种，就是普罗米修斯的时间，循环往复，永无止歇，不生不灭。及第是人的时间，文章是神的时间，普罗米修斯的时间，都去哪儿了？

五是哈哈镜，学生戴上你，能看笑——

生（女）：最飘逸的秀发是柔软的。

师：（问邻座的两位男生）真的假的？

生：真的。

师：轻触一下她的马尾辫，感觉如何？

生：软软的。

生：有点硬。

师：一个心太软，一个心太硬！

（一阵爽朗的笑声！）

接触柔软，是孩子的天性；说真话，也是孩子的天性。“哈哈镜的幽默”是一种柔软，孩子喜欢亲近这种柔软，这种柔软能够最好地呵护孩子身上本来就有的、发光的部分。天性得以呵护的孩子，将比我们活得更像自己。

六是 VR 镜，学生戴上你，能看全——

生：元好问应当被录取。一、他有才，《摸鱼儿》堪称一等文章；二、他有情，同情关爱弱小的大雁；三、他有义，买雁、葬雁。虽然他这次考试偏离了“四书经义”，但是其文笔功力深厚，是个可塑之才，只要以后稍加培训即可。

师：慧眼识珠！

我们期待孩子们永远有澄澈清亮的眼睛，能够用自己的眼睛去看，去看见世界更迭的不同，去看见世界温柔的相同。

孩子眼里自有他的广阔心灵。

每一天，每一课，走进课室，走近学生之前，创课者须叩问自己：

我从哪里来？

我是谁？

我为什么在这里？

我能做什么？

这不是自言自语的问答，这是儒、释、道的灵魂之问。

在这个迷恋速度的时代，节奏越来越快，快得使脑子变得越来越慢，快就变成了慢，请勇敢地让自己慢下来。很多事情慢比快更需要技术、更需要下功夫、更考验一个人整体的能力。譬如，逐字逐句敲下课堂实录，节奏慢下来，慢得使脑子变得更加清晰、敏捷。这样的慢，就是快。教育，不，精准点说，每次创课，每次生命对话，都是慢的艺术。当所谓“教改”天天新、日日变的时候，要敢于独自后退与坚守，安于一个孤独的教室，寂寞地创课。

没有人要求一个人必须创课。创课是一种自觉与自律。创课是选择自己的教学人生。每次创课都是自我考验，考验胆量，考验突破障碍的能力，考验享受孤独的能力。在孤独中，一个人就是一支队伍，“我心师师，我行匪匪。冰天雪地，央央春日”。

朗朗乾坤，皎皎明月。每个学生都是教师心中的一轮明月。中天明月好谁看？莫道山高觉月小，设若有眼大若天，当见山高月更明。

让微电影走进流动的课堂

微电影能使时间的流逝变得甜美。它能让你幻想，让你做梦，让你期待……还有战斗。它虽不能直接改变课堂，但它可以间接改变人。人可以改变课堂。

——题记

【教学实录】

当下，微电影横空出世，张扬着新生一代的艺术梦想，它与生俱来的互联网做派与气质，不但更新着电影文化的内涵与外延，而且颠覆了电影的传播方式。微电影，作为习作教学创课文本当仁不让地进入课堂，具有不可化约的精神力量、整合力量、主题力量与内容力量。

一、激情入课

师：南宁的同学们，上午好！（掌声）请问，你们来自哪所学校？

生：民主路小学。

师：（激情饱满）南宁民主路小学六年级的同学们，上午好！

生：（热情地）老师好！

师：我们刚刚见面，是吧？

生：是的。

师：我怎么称呼你？

生：老师，我是来自民主路小学六年级五班的学生蒋昕悦。

师：昕悦同学，你好！你知道正在为你上课的老师姓什么叫什么吗？

（生摇摇头）

师：我姓孙，孙悟空的“孙”，名“建锋”。你叫我——

生：孙建锋老师。

师：去掉“老师”，喊一声——

生：孙建锋。

师：大家像她一样喊一声——

生：（齐声）孙——建——锋。

师：可以直呼其名，我们现在就是——

生：朋友。

师：朋友刚刚见面，互送一下见面礼物好不好？

生：好！

师：你打算送我什么礼物？

生：我送你一句话——我觉得您长得非常帅！

师：谢谢！过奖了。你的眼睛很漂亮，里面闪烁着童真的光芒！

生：我送给你的礼物是感谢！谢谢您对待我们像朋友一样！

师：你的心灵感应非常好！瞬间就感受到彼此是朋友，可见你情商很高！将来能做领袖级的人物！掌声送给她！

（生热烈鼓掌）

师：谢谢你们的“礼物”！来而不往非礼也。孙老师也给你们带来了一份礼物。想不想要啊？

生：想要！

师：孙老师给你们精心准备了一份养眼的礼物——微电影。

（学生好奇地看着老师，巴望赶快得到这份礼物）

师：什么是微电影呢？就是小型电影。你们喜欢看吗？

生：喜欢！

师：微电影，已经当仁不让地走进了新时代，成为视听的新宠。许多人喜欢微电影，有的甚至创作微电影。这不，有个学生就创作了一部微电影。你们想不想一睹为快？

生：想！

师：请拭目以待，让我们一起来欣赏这部微电影。欣赏是有条件的——请你仔细看、认真听、用心想。

（播放微电影，约5分钟）

（同学们全情投入、目不转睛地观看微电影。人人脸上都洋溢着兴奋与喜悦之情。看完微电影，学生由衷地鼓掌！)

二、微电影命名

师：掌声说明，微电影极富感染力！你们很喜欢！刚才你们在看微电影，我在看你们的眼睛。从你们目不转睛的神情看，这哪是微电影啊，它仿佛一块磁石，深深吸引着在场的每个人的眼球！这表明你们对微电影有兴趣，有深度的兴趣，才有如此专注的眼神，否则，早已人在教室，心在外喽！

同学们，刚刚看过的微电影，遗憾的是它还没有名字，大家来给它取个合适的名字怎么样？快速拿出纸和笔，看看能不能在1分钟之内给这个微电影取个名字。

（生开始给微电影命名）

师：不论取什么名字，都是你目前真实思考的呈现。请读读你取的名字，好吗？

生：《跳人儿》。

师："跳人儿"和"跳人"，有什么不一样？

生：如果用"跳人"做题目，也没有什么错误，只是它略显得生硬些。"跳人儿"，加了儿化音，这个题目便显得微电影中的跳人很活泼、很可爱、很好玩儿。

师：语感很好！但是，为什么《跳人儿》还要加书名号呢？

（生一时支吾，说不上来）

生：（另一个学生站起来）如果题目出现在一句话，或者一段话里，是要加上书名号的。但是，单独放在文章上面，是不需要加书名号的。譬如，我们课文上的题目都没有书名号。

师：有理有据！请继续分享大家取的名字。

生：种自己。

师：这个名字取得有味道！

生：可爱的"植物人"。

师：植物人为什么加双引号？

生：此植物人，非医学上的植物人，特指微电影中的那个人。

生：种人。

师：名字取得有诗意。

生：长在花盆里的人。

师：名字取得很形象。

……

三、微电影短评

师：我们姑且就把刚才看过的微电影叫作《长在花盆里的人》吧。

我曾经把《长在花盆里的人》放给学生看，他们个个兴奋不已，人人情不自禁地写下了一句句精彩的影评。譬如——

投影出示，请每个学生读一句。

学生A：我是在幼儿园、小学的花盆里渐渐长大的。

学生B：不砸掉花盆，就无法成长！

学生C：花盆的局限是一定的，自我突破却是无止境的。

学生D：花盆里的人在看似没有变化中变化。

学生E：人生是不断更换花盆的过程。

学生F：人要自己给自己降雨，自己给自己施肥，自己种自己。

学生G：人生就是不断打破囚禁与束缚的成长过程。

……

（他们在七嘴八舌地讨论微电影，说得很有味道，有的像诗人，有的像哲人，有的甚至超越了六年级学生的表达水平。如此富有魅力的语言，真令我感佩！）

师：听说，微电影《长在花盆里的人》要参加影评，有人说它可以获金奖，有人说可以拿银奖。如果你是评委，你给它何等奖？请用一句话写出你的评奖理由。

师：请现场听课的老师们观赏配乐PPT《美丽的白鹭》。

（同学们在好听的轻音乐中书写评奖理由，约5分钟）

师：请大家发表自己的意见。

生：我给《长在花盆里的人》评金奖，因为它有创意！

师：创意这个词用得好。说明你懂创意，欣赏创意，将来一定能有创意！

生：我给它银奖，因为它是黑白的。我认为应该增添更多的色彩。但是，我还是想给金奖，从内容上说，它十分有趣，教会我们要不断突破自己的道理。

师： 掌声在哪里？（鼓掌）你有没有听得清楚，她作为一个评委，既给金奖又给银奖，到底想给什么奖？

生： 我想她主要想给金奖。

师： 从制作技术上说它是黑白的，色彩单一，“但是”一转折，肯定了它的内容有趣，短短一句话她采取了先抑后扬的写法。孙老师教你这种写法了吗？

生： 没有。

师： 说明这与你平时的学习、积累有关。

生： 我觉得它应该评金奖，它告诉我们，不能固定在一个花盆里不动，自己要不断地打破旧花盆，更换新花盆。更新意味着成长！

师： 好一个“更新意味着成长”，你不正在更新着自己写作的“花盆”吗？

生： 我给它金奖，因为它告诉我，人可以一次又一次地打破自己的成长记录！

生： 这部微电影讲述了一个人的成长过程——不断突破自我，不断挣脱束缚，不断向“高大上”发展。它很励志，我给金奖。

师： 排比铺陈，气势推进！

生： 人应该自己打破栽种自己的花盆，自己给自己施肥，自己给自己浇水，自己茁壮自己。微电影给了我力量和智慧，我评它金奖。

师： 评语具有诗情画意，理由充分。

生： 银奖——它的制作虽简单生动有趣，让人易于理解，但是人外有人，天外有天，只有更好，没有最好。在我没有看到其他参赛微电影之前，并不能认为它一定是最棒的！

（生鼓掌）

师： 只有更好，没有最好。你在激励创作者要百尺竿头更进一步！

……

师： 聆听了你们的精彩点评，我倏然想起著名哲学家阿伦特的一个金句：每一个人以言说和行动让自己切入世界，就像人的第二次诞生，具有创新性。我们每个人都以“自己的语言”，在当下的课堂里，在这个精神的家园里，第二次诞生了，诞生了自己的思想。为自己的“第二次诞生”鼓掌！

（生热烈鼓掌！）

四、微电影分享

（一）分享《无尽》

师：人类所面对的世界，原本是混沌的。但是，人类总是以创造的精神深入到混沌中去，试图超越自身以及他所面对的世界。而引导人类进行超越的，首先是发生在人头脑中的各种想象性的“图像”。

让我们走进“图像”，一同欣赏微电影《无尽》。

（生全神贯注欣赏微电影，约3分钟）

（二）呼唤思想

师：法国哲学家德勒兹说，图像如同一种呼唤，它能呼唤出人的思想。微电影《无尽》仿佛在呼唤，呼唤每个人独特的思想。

什么才是你独特的思想呢？如果你能从微电影《无尽》里发现其中的不可见性，又能写出你所感受到的不可见性，这便是你独特的思想。

五、动笔习作

师：请落笔写下你独特的思想。在同学们写作的过程中，请在场听课的老师们欣赏配乐PPT《上乘习作教学的追求》……

（生奋笔疾书，约15分钟）

六、习作欣赏

（一）自读习作

师：经过激烈的思想交锋，同学们把自己独特的思想落到了纸上，文字落下就是你美丽的容颜。请同学们放声朗读自己的习作。为什么要这样做？这是一种自我欣赏、自我肯定。在别人欣赏、肯定你之前，首先要欣赏自己、肯定自己。

（第一次学生朗读自己的习作，声音有些小）

师：之前或许没有朗读自己习作的习惯，现在开始养成，好吗？

（生开始放声朗读自己的习作）

师：第三次放开声音朗读自己习作的时候，重点感受是否文通字顺。如读起来不顺畅，马上修改。

（生读自己的习作，声音越来越大）

（二）互读习作

师：建议同学们默读同桌习作，发现别人的习作好于自己的地方，哪怕是一段、一句、一词，都圈点、批注下来，肯定别人、欣赏别人，就是肯定自己、欣赏自己。当然，也可以对同桌习作提出自己的修改建议，哪怕说错了也没关系。

（同桌交换习作，边默读边批注）

（师边巡视，边表扬学生批注做得好的地方）

你把好的语句画上了波浪线，很好！

优美的词语，你加上了着重号，会批注！

你从旁还写上“棒”，会欣赏别人，还会赞扬别人！你也很棒！

“一味”这个词用得准确，说明方法的单一，能讲出道理。

你在对同桌的习作提出希望，希望多多积累好词佳句，写出来的语句才能更加鲜活生动。

你在建议作者，如果能加个题目就更好了。

同学们互读习作，互相批注，比老师一个人批作文，批语要丰富得多啊！同龄人看同龄人的习作，心灵共通啊！同学们，请放下你手中的批注，说说你最欣赏哪里，当然也可以提出修改意见。

生：我认为同桌悟出的一个道理写得好！

师：什么道理？

生：无论做什么都不要半途而废。

生：同桌习作中说到“做事一味用一种方法”，“一味”说明方法太单一，用词很准确。

生：我同桌说“人能做的事情是无尽的，例如……”他还没写完，我建议他以后写得再快一点。

师：好建议，要提高书写速度！

师：你有一个苹果，我有一个苹果，互相交换，每人还是——

生：一个苹果。

师：同桌文章互相交换阅读，每人便拥有了——

生：两篇文章。

师：如果文章读出来，大家一起听，你文章的营养就会输送到更多人的耳朵里，这就是共享。让我们共享习作。

（三）共享习作

师：请同学们推荐一位平时表现机会相对较少的同学先读自己的习作，好吗？

生：我推荐韦金欣。

师：他看好你啊！把机会留给你！

生：我叫韦金欣。《无尽》中那些人总是在重复一件事，脑筋没有转过弯来，没有意识到背后的蹊跷。他们应该善于应变，碰壁的时候，应该换个角度想想，只有重新出发，才能达到目的。

师：这就是你独特的思考！掌声！

（生鼓掌）

师：你为什么给她掌声呢？

生：她有自己的理解，有独特的想法，很棒！

师：哦！

师：（与推荐韦金欣的同学对话）你对她的表现——

生：很满意！她不仅写出了自己独特的感受，还大方自信地读了出来。

师：由此，你就转变了对她的看法，是吗？

生：是的。

师：人，都会转变。大家对她已经转变了的行为，再次掌声鼓励！下面哪位同学自告奋勇读自己的习作？（生举手）谁敢站起来？（一个学生先站了起来）告诉大家你的姓名。

生：我叫蒋昕悦。我的文章题目是《深意》。《无尽》是一部很有深意的微电影。

师：开头这句话的关键词是——

生：深意。

师：注意听，她是怎样体现“深意”的？

生：它以可爱的黑白画风，演绎了黑白小人的不同活动，或追逐相聚，或追逐休闲，或不停堵漏，或一味攀爬，或难逃大门……最终，都以失败告终。他们为什么不接受失败的教训，总结经验，调整思路再行动呢？

师：下面是共同欣赏的环节，愿意把自己习作与人分享的，请举手！（小手如林）勇敢地站起来，（几个同学站了起来）自信地走到讲台前来。

（一个学生一马当先跑到讲台前）

师：请把你文章的题目写到黑板上。

师：别看他长得很瘦，但字写得很厚重！

师：你的文章题目是——

生：千重门。

师：听起来是一道门。

生：千——重门。

师：听起来是两道门。

生：千——重——门。

师：听起来是四道门。

生：（一字一顿、语气渐重）千——重——门。

师：好！题目读好了，内容也会读得有声有色。

生：我喜欢《无尽》中的那道难以逾越的"千重门"，它让我感慨颇多！

那是幼儿园的门，刚想跨出去，小学的手又把人拉了回去；那是小学的门，刚想跨出去，中学的手又把人拉了回去；那是中学的门，刚想跨出去，大学的手又把人拉了回去；那是大学的门，刚想跨出去，工作的手又把人拉了回去；那是工作的门，刚想退休，天堂的门又把人拉了回去……

人类的生命历程就是在千重门里不断循环！

（同学们、听课的老师，整个体育场里响起热烈掌声！）

师：掌声就是对你习作的高度认可！请你站到凳子上，（千重门的小作者何俊良站到了凳子上）你现在比我高，谁在支持你？

生：凳子。

师：除此以外呢？

生：老师、同学。

师：是的。我们都在支持你，做你的忠实听众，想再次聆听你的《千重门》。

（生声情并茂地朗读《千重门》）

（掌声！）

师：谁还愿意与大家分享自己的习作？

（两位学生同时跑到了讲台上）

师：你们俩商议一下，谁先读谁后读，好吗？

生：请懿珊读吧。

生：我叫韦懿珊。微电影《无尽》告诉我们，做事如果墨守成规，只能无限循环，没有尽头。但是，如果尝试改变做法，哪怕改变一点点，可能结果就会不一样。譬如，那个想摆脱束缚的人，为什么不剪断牵扯他的绳子，如果剪断绳子，他就会逃脱囚禁的大门。不信，就可以试验一下嘛！

（鼓掌！）

师：请你读！

生：我叫何竹君。

师：请把你的文章题目写在黑板上。

（生写"第三只手"）

师：这个题目好在——

生：吸引人，什么是"第三只手"？我迫不及待地想知道答案。

师：这个题目能让读者充满阅读期待，好题诱人！我们洗耳恭听！

生：微电影《无尽》中有六个场景，我还历历在目："短暂一聚""抓住兴趣""周期休闲""不断修补""努力向上""挣脱束缚"。这些生活场景颇有味道。表面上看，人的追求是割裂开来的，是徒劳无功的；实质上是一个整体，能量巨大。仔细观看，不难看出，冥冥之中有第三只手在暗暗地操纵着人类，把人的每次"追求"都化成能量，最终点燃了人类文明的灯。这难道不比片尾那只扑灯飞蛾的生命有价值、有意义吗？

师：此间有真意，看后吐真言！感谢你奉献的精彩习作！

七、总结收课

微电影，是有待开发的多种混合意义的开放性储存库。当我们用无功利的态度来关注微电影时，它就会处于一种完全开放的活泼样态，通过视觉语言，显现了可见元素背后不可见的意义群。其艺术价值在于它恒久地隐含着值得人们一再发现和回味无穷的不可见的意义。

希冀我们能够在享受艺术中创造艺术，在创造艺术中享受艺术。

下课！同学们再见！

【教学反思】

微电影，作为习作教学创课的一种文本，它是一种变化中的必然产物。基于网络，我们制造的所有东西都可以通过互联网流动起来，每一样东西都在成为别的东西，譬如微电影《无尽》，到了创课的课堂，就成为学生对话的文本，启发写作的酵母，被赋予更多功能与意义。万物不息，万物未竟，这种永无止境的变迁是现代社会的枢轴。永无止境的变化是一切人造之物的命运。我们的习作教学创课文本正在从一个静态的名词世界（教材）前往一个流动的动词世界（创课的“创教材”）。基于此，这次创课折射出了我们的习作教学素材不是静态的东西，而是动态生成的东西。

习作教学创课是对习作教学自身的维护。世间万物都需要额外的能量和秩序来维持自身，习作教学也不例外。生命的本质，似乎主要是维护。其一，通过直观生动、夺人眼球的微电影，给习作教学注入了趣味的“负氧离子”，习作教学生命体便获得了“空气维生素”。其二，观看微电影，学生我手写我心，生命之花得以怒放，每一朵花都有春天，每一朵花都按照自己的弧度、曲线、色彩，以自己的节奏，不受任何阻碍，向着它所向往的无限的纯净的空间，自由怒放。花朵的怒放虽然是短暂的，哪怕只有这一节课，但是它的美却是绚烂夺目的。这美丽足以证明生命的冒险是值得的。“微电影《无尽》中有六个场景，我还历历在目：‘短暂一聚’‘抓住兴趣’‘周期休闲’‘不断修补’‘努力向上’‘挣脱束缚’。这些生活场景颇有味道。表面上看，人的追求是割裂开来的，是徒劳无功的；实质上是一个整体，能量巨大。仔细观看，不难看出，冥冥之中有第三只手在暗暗地操纵着人类，把人的每次‘追求’都化成能量，最终点燃了人类文明的灯。这难道不比片尾那只扑灯飞蛾的生命有价值、有意义吗？”学生的习作不就是最好的明证吗？

习作教学创课，是一种对教育理念的尊崇。其教义正如加缪说的：“不要走在我后面，因为我可能不会引路；不要走在我前面，因为我可能不会跟随；请走在我的身边，做我的朋友。”其实，我的下一次习作教学创课，何尝不是对本次创课的创课呢？

让所有感动再来一遍

心与心的生命对话是“珍珠与钻石的欢喜相撞”，是上苍赐予“处女”公开课的精神之蜜，它不但需要教师有一个独立不羁、自由丰沛、毫不世俗的灵魂，还要求想象力与童真来做这灵魂的第一守夜人。

——题记

【课堂实录】

一、强者陈州

（一）陈州“登场”，触发情感

师：让所有感动再来一遍——

一想到“彩云之南”，就满目盈泪，那是我心的方向，那是人间天堂，孔雀飞去回忆悠长……

一看到“爨”字，就怦然心动，文字是生命的美酒，是存在的家园……

感动来自哪里？

生：感动来自我们的眼里。

生：感动来自我们的心里。

师：那就是告诉我们怎样看？

生：一个是用眼看，一个是用心看。

师：一个是用肉眼看，一个是用心眼看。

请看屏幕——

（播放小视频《陈州“登场”》，陈州6岁父母离异，8岁流浪四方，13岁失去双腿，历经生死磨难，18岁，他说“我不能当一辈子乞丐”。于是，卖报纸、擦皮鞋、收破烂……他干过很多职业，却从不乞讨。后来，他成为一名流浪歌手，以木盒为腿，多次登顶泰山，用歌声走过了全国600多个城市，被誉为“用歌声走路的人”）

师：现场观众掌声雷动，四位主持全体起立，全场为之动容。陈州“登场”，最令你感动的是——

生：陈州失去了双腿，双手挪动着木盒，微笑着上台，令我感动。

生：令我感动的是他失去了双腿，却把自己看成正常人一样。

生：他虽然残疾了，但是他的开朗、乐观、向上的劲头，很感染人！

师：我们有同感，也有异感。感动什么，取决于眼之所见；感动程度，取决于心之所感。

最令我感动的是陈州的笑。当一个人还能笑的时候，是最不容易被打败的，因为笑容的背后有一个紧咬牙关的灵魂。愈是困难，愈是挫折，愈是灾难，愈能微笑直面，愈是一个不倒翁！

（二）陈州“登山”，煽动情智

师：常态下，一个身体健全的人，登山靠什么？

生：靠自己的双脚。

生：如果攀登像喜马拉雅山这样的冰山的话，还要登山杖，登山鞋……

师：很专业，看来你是位登山爱好者！

生：靠一个人的毅力，如果攀登珠穆朗玛峰，不坚持的话，你就是一个失败者。

……

师：失去了双腿的陈州，怎样登上五岳独尊的泰山？

请看《陈州“登山”》。

（生观看小视频）

师：泰山，堪称“五岳之首”。“登泰山而小天下”“会当凌绝顶，一览众山小”。

师：从表象上看，陈州登泰山靠的是什么？

生：陈州靠双手抓着铁链往上攀登。

师：从实质上看，陈州登泰山靠的是什么？

生：靠的是坚韧不拔的毅力。

师：从心理上看，陈州登泰山靠的是什么？

生：靠的是心里的一股劲儿，一股不到山顶非好汉的劲儿！

师：从价值上看，陈州登泰山的意义是什么？

生：陈州是不服输的象征。

生：他一方面是想证明给别人看，另一方面是他突破了自我。

师：山高人为峰，峰巅屹高人。登临峰巅，陈州不仅从心理视角上完成了仰视到俯视的蜕变，（请你们仰视一下天花板，请你们起立站到自己的凳子上，去俯视一下地面……）更重要的是在人格魅力上提升了自己的生命高度。

师：提升生命高度靠谁啊？

生：靠自己！

师：一个靠双手不断提升自己生命高度的人，岂能不令人感动？

（三）陈州“流浪”，开启心智

师：“登山”，如果说增加了陈州的生命高度，那么“流浪”呢？

（生观看小视频《陈州“流浪”》）

师：你怎么看陈州？你能看出他身上的优点吗？

生：他的流浪生活虽然很苦，但我从中体会到了生命很美。

师：听陈州讲故事，感觉他这个人怎么样，有什么优点？

生：我感觉他非常乐观。

师：这个话不是第一次说了，“乐观”这个词我们暂时不用好不好？

生：我觉得他的优点就是，他……他……

师：举个例子，譬如，他讲故事的过程中唱歌了吗？

生：嗯，他唱了。

师：你能唱过他吗？

生：唱不过。

师：你怎么不承认这是他的优点？

生：他有优点，他唱歌唱得比我好！

（笑声）

生：他比我坚强！

师：我们不说假话、大话、空话。

生：我觉得他的口才很好！

生：他很爱家人！譬如，放学他去接女儿，远远地躲在一个巷子里，生怕女儿因他受到嘲笑。

师：顾及女儿的心理感受。

生：他见多识广，去了很多城市，很多省份，而且每次都在街头演唱。

生：他是一个好父亲，是一个好丈夫！她爱女儿，爱妻子，虽然他是个残疾人，但是他给她们唱歌，给她们买房子。

生：他的体力和臂力相当好。

生：我觉得他很幽默，譬如，他说他的妻子最讨厌不洗脚的人，这样（他没有双腿）就不用担心了。

师：一个身体高度残疾的人，一个比常人生活艰辛的人，能轻松幽默地表达自己，坦然面对生活，这样的人不幸福，谁幸福？

师：孩子们，你们真会看，真会想，真会表达！很佩服你们！

一个失去双腿只剩 78 厘米高的人，13 次登上了泰山之巅，显然，说明他的生命是有高度的；一个失去双腿靠着两只木盒走路的人，走遍了全国 20 多个省份，600 多座城市，开了 3000 多场街头演唱会，说明他的生命运行轨迹是有________度的？

生：说明他的生命运行轨迹是有长度的！

师：假如一场演唱会挣 100 元，3000 多场街头演唱会能挣多少钱？

生：30 多万。

师：难怪给家里买车买房。这样的男人你喜欢吗？

生（一女生）：喜欢！

（笑声）

师：陈州又有新的粉丝了！

师：一个失去双腿靠着两只木盒走路的人，出场时让主持人起立，那不是一般的主持人，那是李咏，那是乐嘉，那是林志颖，那是鲁豫，个个都是大咖。说明陈州的生命是有________度的！

生：说明他的生命是有长度的。

师：结束让主持人下跪。乐嘉为何给他下跪？

（笑声）

生：主持人乐嘉被他感动了！

生：主持人看到了陈州的“矮”度，他跪下来和他等高。

师：乐嘉不愿意让陈州仰视他，他要和他目光——

生：对等！

师：这也就是我为什么一再蹲下身来，目光平视，与你对话。你懂的！

（掌声）

师：一个生命有高度、有长度、有宽度、有温度的人，他的故事注定是感人的！但是，再感人的故事总有讲完的时候，《故事讲完之后》怎么办？

（生观看小视频：《故事讲完之后》）

（观众：陈州故事讲完之后怎么办？陈州：生命也有走完的那一天。我不在乎有没有观众，故事讲给我一个人听，自己一样也可以做自己的观众，不是吗？有次，我到地震灾区，灾民们说，看到你这样一个人都能活得如此坚强，我们什么都不怕。我在乎的是一个人被需要的需求。）

【过渡】

师：故事讲完了，演出结束了，观众散去了，布景撤下了，明星回家了。平凡的日子，做个平凡的人，还会给别人带来生命的感动吗？

二、口足书法艺人

师：请看《口足书法》。

（生观看小视频《口足书法》：一位失去双臂的中年男子，在闹市区熙来攘往的人群中，一言不发，口含毛笔，脚盖印章，用心完成“安身立命，突破生命框限”的作品。他是男版的“维纳斯”）

师：这里原本是某市最繁华的商业中心，但似乎成了闹市中飞来的一块“静”地——因为，那位失去双臂的男子内心很静。静，让他完全屏蔽了周围嘈杂的噪音。

师：静，让他跪在地上，低头看着________。

生：静，让他跪在地上，低头看着地上的那张白纸，他的心静得就像那张白纸。

师：如果不来到云南曲靖二小，我就不会听到“他的心静得就像那张白纸”的句子，如此富有诗意！咱们握握手！

（使劲儿真诚地和老师握手！）

（掌声）

师：静，让他口含毛笔，宁心静气地写着________。

生：安身立命，突破生命框限。

师：静，让他心无旁骛地________入每一个字里去。

生 1：融入、投入每一个字里去。

师：究竟用“融入”还是“投入”？你读读看。

生 1：静，让他心无旁骛地“融入、投入”每一个字里去。

师：“融入”“投入”选哪一个？

生 1：两个都选。

师：（问另一位学生）你听他这样表达有什么感觉？

生 2：我觉得这样比较好——静，让他心无旁骛地融入每一个字里去。

师：听他们两位表达，你的感觉是——

生 3：我觉得用“融入”更好，“投入”只是一个动作，“融入”不仅有动作，还有“投入”的程度，人字合一。

师：（问生 1）你怎么看？

生 1：我还是觉得“融入、投入”两个词一起用比较好，这样更加体现那个没有双臂的男人用心，把整个心都融入字里面去了。

师：你可以坚持你的意见，但是，在一个句子里面，“融入”“投入”都是表示动作的词，按一般的表达习惯，此处只用一个动词。这样说，你能接受吗？

生 1：能！

师：有见解，并愿意坚持自己，是难能可贵的！但是，别人的意见也需要虚心听取。琢磨琢磨谁说的更有道理，你是服从于道理，还是服从于权威？不要因为我是你的老师你就服从我，因为她（生 3）是你的同学，和你平起平坐，你就觉得她的意见无关紧要。重要的是要服从——

生 1：权威！

（笑声）

师：谁是权威？

生 1：孙老师。

师：我为什么是权威？

生 1：你有学问。

师：我的学问现在一钱不值。

（一个女生举手）

师：你有看法？

生 4：我觉得投入是用身体在写那个字，而融入是用心来写。

师：哦！你叫什么名字？请你到他（生 1）身边来，我们能不能都蹲下来，你跟他（生 1）讲一讲。

生 4：（心平气和地讲给生 1 听）投入是用身体来写那个字，而融入是用心来写那个字。

师：你听清楚了吗？

生 1：听清楚了。融入，把心投入到里面去写，而投入只是用身体来写那个字。

师：你觉得她说的有道理吗？

生 1：有！

师：你是服从于她（生 4）吗？

生 1：我服从她！

师：她是权威吗？

生 1：她不是权威，她讲的是真理！

（掌声）

（牵着生 1、生 4 两位同学的手，来到黑板前）

师：你（生 1）写权威，你（生 4）写真理。

（生在黑板上写下“权威”“真理”）

师：请你（生 1）在权威下面写上“孙建锋”，请你（生 4）在真理下面写上自己的名字（许楚若）。请你（生 4）用数学符号表示“孙建锋”与“许楚若”的关系。

生 4：孙建锋≤许楚若

（笑声）

师：等于是啥意思？

生 4：每一个人都是平等的，就算真理大于权威，我们也是平等的。

师：你（生 1）怎么表示？

生 1：孙建锋＞≤许楚若

师：又有一个新的版本，怎么解读？

生1：真理自然只有一样，而孙老师你的权威有两样，一是你的权威，一是你的气势。你的气势大一点，所以是孙建锋 > 许楚若，然而，真理是真的大于权威的，所以孙建锋 < 许楚若，人与人又是平等的，所以，孙建锋 ≤ 许楚若。相对于真理的存在，权威有时也会出错。真理才是真正的道理！

师：好！

（掌声）

师：（面向生1和生4）拜师！（真诚为生1和生4鞠躬）你们才是我的老师。这一番道理我没有教你们，是你们教我的。所以，在课堂上，不只有老师的存在，还有老师的老师存在！有的时候我就是一个学生，你们就是——

生1：老师！

（掌声）

师：掌声欢送我的老师们回到自己的座位！不虚此行啊！

师：静，让他不需要考虑别人的反应，不需要面具，不需要受他人暗示。让他心境平和，灵魂放松，精神超脱。

师：静，静静地用口把每一个字写好，对于失去双臂的他而言，就是“安身立命”。

师：静，静静地用________把每一个字写好，对于失去双臂的他而言，就是“安身立命”。

生：静，静静地用“心”把每一个字写好，对于失去双臂的他而言，就是“安身立命”。

师：静，静静地用________把每一个字写好，对于失去双臂的他而言，就是“突破生命框限”。

生：静，静静地用“脚”把每一个字写好，对于失去双臂的他而言，就是“突破生命框限”。

生：静，静静地用“信念”把每一个字写好，对于失去双臂的他而言，就是“突破生命框限”。

生：静，静静地用“毅力”把每一个字写好，对于失去双臂的他而言，就是“突破生命框限”。

生：静，静静地用“坚强”把每一个字写好，对于失去双臂的他而言，就是“突破生命框限”。

生：静，静静地用“灵魂”把每一个字写好，对于失去双臂的他而言，就是“突破生命框限”。

生：静，静静地用“人生”把每一个字写好，对于失去双臂的他而言，就是“突破生命框限”。

……

师：静，静静地把自己静成一幅画，静成男版的“维纳斯”，对于失去双臂的他而言，就是“突破生命框限”。

师：不是吗？失去双臂的他，“突破了生命框限”，他的视频被孙建锋研发成公开课教材，滋养学生的心灵；失去双臂的他，“突破了生命框限”，他的书法被台湾的陈龙安教授裱挂书房，成为感化的象征；失去双臂的他，“突破了生命框限”，他的书法超越了书法本身——“安身立命，突破生命框限”，是一种励志的精神写照，是一种普世的文化符号！

三、小狗菲斯

师：“安身立命，突破生命框限”的确是一种普世的文化符号，适用于一切生命！普世性，意味着不光在深圳有用，在曲靖一样有用；不光在中国有用，在外国一样有用；不光对人有用，对其他生命一样有用。这还要从一则故事说起。2006 年，美国西雅图军事基地举行了一场别开生面的授衔仪式，猜猜看，一枚上士军衔会授予——

生：授予一个有付出的士兵。

师：说得多有分寸感，“有付出”，必有回报！

生：这枚上士军衔应该授予一位有责任心的士兵。

生：授予一位坚强的士兵。

师：无形中你们觉得只有“有付出的、有责任心的、坚强的”做出贡献的士兵，才配授予上士军衔。

（一位女生举手）

师：你有看法？

生：赐给一个——

师：赐给？皇太后啊？

（笑声）

生：授予一位情商高的士兵。

生：我会把这枚军衔授予一位身体残疾、面带微笑的士兵！

生：我会授予一位热爱生命，不会放弃生命的人。

师：真有高度！

生：我会授予一个倡导和平的人。

师：嗯！大气！

生：我会授予孙老师您！感谢您大老远地来云南教我们！

（掌声）

师：懂得感恩，也是感动的一种！

师：究竟授予谁？请看——出人意料，这枚上士军衔授予了一只名叫菲斯的小狗。

（笑声）

师：不要马上联想到那位男孩子的话——授予孙老师！（这是世界上最大的幽默，因为无法预约！）

（笑声）

师：为什么要把上士的军衔授予一只小狗呢？

（一）菲斯迎兵

（生观看小视频：2008 年，美国圣路易斯国际机场，菲斯迎接从阿富汗战场归来的美国士兵）

师：如果，你是这些归国士兵中的一员，第一眼看到了前来迎接的菲斯，你会——

生：我会像小狗一样坚强活下去。

师：如果，你是这些归国士兵中受伤的一员，第一眼看到了前来迎接的菲斯，你会——

生：我会想一只狗失去了两条前腿都能活得那么好，何况我们人呢？

生：我会忍着伤痛，向菲斯敬礼！

生：我会为它点赞！把它发到我的博客里。

师：很潮！为你点赞！

生：我会拥抱它，并对它说："我们俩真是'同病相怜'啊！"

（笑声）

师：如果，你是这些归国士兵中因伤致残的一员，第一眼看到了前来迎接的菲斯，你会——

生：我会像菲斯一样坚强起来！

生：我会像菲斯一样坚韧不拔地活下去！

生：如果那时候我没有了存活下去的信心，我会重新找回信心。

生：我会像菲斯一样快乐生活每一天。

（二）菲斯来历

师：菲斯究竟是怎样一只小狗呢？

（生观看小视频：朱迪的儿子鲁本把一只生下来只有三条腿而遭遗弃的小狗菲斯抱回了家。菲斯残缺的一条前腿被截肢，只剩下两条后腿的菲斯，在朱迪的精心照料下活了下来）

师：朱迪是在与丈夫离异、教书失业、女儿车祸的多重打击下，是在连养活人都成问题的生活异常窘迫下，尽心医治，精心呵护一只天生只有三条腿，遭主人遗弃，竟连狗妈妈都拒绝给它喂奶并试图压住它的脖子替它了断的残疾小狗。

对此，你想对朱迪说——

生：坚强。

生：一切都会好起来的。

对此，你想对菲斯说——

生：你虽然是一只残疾的小狗，但我佩服你，向你致敬！

生：我会学习你用良好的心态过好日子。

生：虽然你天生残疾，但没有人能阻止你的生活更精彩！

（掌声）

师：没有人能阻止你说话更精彩！

生：没有人能阻止丑小鸭变成天鹅，只要你愿意凌空飞翔！

（掌声）

师：菲斯真幸运！你们那么理解它，善解它，鼓舞它！

（三）菲斯自立

师：菲斯接受手术以后，又是怎样学会站立行走的？

（生观看小视频：菲斯在朱迪的诱导下学会了从直立到行走的转变）

师：朱迪以前并没有养过类似的残疾狗，她也没有怎样能够扶持小狗直立行走的经验，但是，她用什么办法让菲斯直立的呢？是谁告诉她的呢？

生：不是谁告诉她的，是她无意中发现的，小狗居然有起身直立的能力。

师：哪一次的无意？

生：就是有一次，花生酱被遗忘在较高的桌子上，小狗居然起身直立够到了花生酱。

师：这次意外来源于她平时不断地喂它花生酱。你发现了做成一件事情在我们没有经验的情况下，要不断地——

生：要不断地去尝试！

师：偶尔一次也许会发现——

生：不同寻常的方法！

师：你明白了许多！朱迪就是这样自己教会了自己如何引诱菲斯直立行走。在朱迪一步一步地诱导下，菲斯学会了站立，开始了行走，走出了家门，走向了社会……菲斯直立行走，人们驻足观看、议论纷纷：有的说——

生：这只并不完整的灵魂变得完整起来。

师：这是哲学家在议论。

师：有的说——

生：哇！为什么狗都能走啊？

师：“哇”用得有感情！世界要大变了喽，狗都直立行走喽！

师：还有的说——

生：这只狗真奇葩！居然会像人一样直立行走！

生：嗨！转基因技术都到这个地步了！

（掌声）

师：你们表达自己内心的言语，悄悄地在发生变化——由一般性的表达，到诗意的表达，到有哲理的表达，再到既有哲理又幽默的表达……

一个人就是这样，只要自己努力就上了一个台阶（边说边跳上讲台），只要不努力，就下了一个台阶（说完便跳下了讲台）。

（四）菲斯成名

师：一不小心，菲斯蹿红网络，上了电视，成了明星。

（生观看小视频：菲斯先是网上走红，再就是上了电视，一时间成了明星）

师：媒体捧红了一只残疾的小狗菲斯，有人说媒体这样做是在作秀，有人说媒体这样做实在优秀。你怎么看？

（生沉思片刻）

师：人人都有自己的看法，都有发表自己看法的权利。

生：我认为是优秀比较合理，因为很多人并不知道菲斯的真实身份以及它的成长过程。

师：不知道，就失去了客观的评价权。

生：我认为优秀和作秀同时都存在。

师：为什么？

生：因为人们是在不知道小狗的情况下说是在作秀，然而一旦真正了解它，它确实很优秀。媒体捧红小狗，肯定会获得一些利益，有些人看着比较眼红，所以认为他们是在作秀；而有一些心地善良的人，从小狗身上学到了坚强，所以认为这样做很优秀。

（掌声）

师：才女就是才女。北大的校门始终打开着，那里有一间教室，有一张书桌给你留着，只要你努力、精彩，就像现在！

（掌声）

（五）菲斯立人

师：从惨遭遗弃，到直立行走，再到成为明星，想象一下成名后的菲斯会干什么？

生：它会继续直立行走。

师：约等于没说。

（笑声）

生：一直平凡地活下去。

师：从繁花似锦到繁华落尽，成名之后，归于平淡。

生：退出娱乐圈。

师：你当菲斯是娱乐明星啊？

（笑声）

生：继续研究新的走路方法。

师：准备做职业模特？

（笑声）

生：我觉得菲斯成名后，会给那些战场上归来的伤残士兵带来希望和信念。

师：成名后的菲斯究竟干了些什么？

（生观看小视频：菲斯做伊拉克战争归来的伤残士兵的心理医生，到养老院和少管所安慰老人、开导迷茫的少年……）

师：朱迪带着菲斯到军营、养老院、少管所去做“义工”……看了这段视频，如果让你发一条微信给你的朋友，你会怎样说？

生：一只残疾小狗带给人的信念。

生：先发一张菲斯照片，再写上：“看，这只狗真是个奇迹。”

师：图文并茂。

生：这只狗可以当展览“专家”了。

生：以前我所看到的英雄事迹，特别是那些影片，都是演艺圈艺人演出来给别人看的罢了，都是虚构的，在我看来，这样的英雄主义是虚伪的。而菲斯才是真正的英雄，它的故事感染了我，也感染了每个看过的人，甚至感染了全人类，把那些抑郁的人从绝望中拯救出来，把那些对前途感到迷茫的人从黑暗中拉出来。小狗菲斯虽然只有两条腿，但我看出了它的坚强，一个英雄者的坚强！一个正义者的坚强！

师：请你到前面来，（老师把学生扶上讲台，老师站在学生的下面）你刚才说了一番慷慨激昂的话，还记得吗？

生：（俯视老师）大概记得！

师：能不能再说一遍？其他同学认真聆听，谈谈自己的看法。

（生激昂陈词）

师：谁愿意和他对话？

生（一女生）：你说得很精彩！但有的地方我不认同，菲斯它是感化人们，为什么说它是英雄主义呢？真正的英雄是保卫祖国，为正义事业献身的人们，两种意义是不同的，不能放在一起比较。

师：请和他站在一起。（扶上讲台）任何人都有发表看法的权利，任何人都有言说的权利，每个人都有聆听的权利。我们听自己能够听懂的话，我们吸收能够吸收的东西，我们期盼自己认为不够完善的地方能够日臻完善。这就是共同学习，共同成长。这一对（讲台上的两位同学）金童玉女在共同成长！你们俩握握手！

（生握手）

（笑声）

师：两小无猜！

（掌声）

四、课结

师：什么比真实更梦幻？

生：让所有感动再来一遍。

师：什么比眼前更遥远？

生：让所有感动再来一遍。

师：感动“感动”，叩问“感动”——失去了前腿，用后腿直立行走，走红了网络电视，治愈了特殊人群的小狗——

生：动力来自哪里？

师：失去了双臂，用口含一支毛笔，书写着安身立命，突破了生命框限的艺人——

生：动力来自哪里？

师：失去了双腿，用双手持着木盒，登上了五岳之巅，踏遍了祖国大地的陈州——

生：动力来自哪里？

师：感动唤醒我们：一个躺在地上的生命，如果他（它）不想起来，便拉不起来，即使拉了起来还会马上趴下。

生：所有的动力都来自内心的沸腾！

师：感动唤醒我们：命，只有一条，要养好；心，只有一颗，要放好。把自己留在自己的日子里，做好自己。

生：做好自己，才能拯救自己！拯救自己，才能升华自己！

【教学反思】

“我看见大象了！”

“看见大象”是一句美国俗语，意即达成心愿。

19世纪的美国，一位老实巴交的农夫有一个心愿——亲眼见一见活的大象。有一天，他赶着马车进城，遇到一个马戏团，他的马被马戏团的大象吓惊了，掀翻了马车，车上的鸡逃散了，鸡蛋也打碎了。这位农夫失去了一天的生计，但他却并不在乎，满心欢喜，因为他看见了一直想看到的大象。

“我看见大象了”这句话后来成为美国精神的一个表述。千千万万的移民抛家离土，来美国寻找他们心目中的幸福，有的成功了，有的失败了，有的甚至把家底都赔个精光。但是还是有那么多的人前赴后继地奔向这片已经不再是新大陆的新大陆。他们当中有的以事业是否成功作为是否“值得”的标准，但也有的把这种努力本身就当作一种有价值的经历，这种经历便是他们想亲眼见一见的“那只大象”，哪怕是不成功或为此付出了沉痛代价，他们毕竟可以说，“我看见大象了”。

“我看见大象了”，何尝不可以用在我无怨无悔自觉追求的“处女”公开课《让所有感动再来一遍》上呢？那又是怎样的“大象”呢？

一、那是杜尚的《蒙娜丽莎》

马塞尔·杜尚在《蒙娜丽莎》的画作上，为她画上了山羊胡子，在下面写上“她的屁股热烘烘”，这就叫原创。

自己研发教材，独立备课、设计教案，不打埋伏、不去彩排、不对口型，以原初奉献“处女”公开课《让所有感动再来一遍》，这难道不是原创？

看了马塞尔·杜尚在《蒙娜丽莎》画作上的“智创”，如果第二个人，在凡·高的自画像上补上一只假耳朵，给米开朗琪罗的大卫像粘上腿毛——这看上去很杜尚，可是这样的模仿不仅毫无天分，而且毫无价值。

为什么创课要追求“处女”公开课？

二、那是在探险地寻求生命的新方向

“处女”公开课，是创造，是以新的精神和思想，在探险地寻求生命的新方向。它的每次创造都是“从新开始”，在每一个创造之间，并没有固定的连续性。它把我们整个教学人生都始终放在重新探索的新起点上。过去的公开课既已完成，就成为历史。而真正的“处女”公开课，既没有过去，也没有将来。凡是不在教学现场第一次呈现的，就不是真正的“处女”公开课。

现场首呈的“处女”公开课的魅力，不在于这节课本身，而在于它隐含着思想创造及生命艺术的奥义，那是一种难于表达而又直逼内心情感的淳朴感受，一如《让所有感动再来一遍》，它传递的是让人内心沸腾的生命气息，它濡染的是“看见一朵花开都怦然心动的情怀”。它以内在的无穷待发的潜在性和可能性，既细腻耐人寻味，又汹涌澎湃地冲击灵魂深处，推动课堂生命的各个部分激荡起来……

三、那是多种混合意义的开放性储存库

“处女”公开课是一种真正的艺术。任何真正的艺术都是有待展开的多种混合意义的开放性储存库。用意大利艺术评论家艾柯的话来说：“艺术品是基本上含糊不清的信息，它把多元化的所指同时共存于单一的能指。”在这种情况下，艺术品的含糊性越变成偶然的巧合，就越显示它的奇妙性，越具有鉴赏价值，越具有吸引力。难怪巧妙组合的“陈州故事”“口足书法”“小狗菲斯”的小视频文本，在《让所有感动再来一遍》的课堂上，孩子们如此喜闻乐见，回味无穷！

四、那是珍珠与钻石的欢喜相撞

珍珠这个名词是阴性的：柔和的光泽，圆润的形体，宛若人鱼的泪水。钻石这个词语却是阳性的：耀眼的光辉，棱角分明的多面体，宛若多柄小刀的汇集。置身生命，尊重生命，生命滋养生命，生命开启生命的对话大场中，宛如母亲子宫一样安谧，它让我们逆流而上，回至童年，回至诞生之前，回至胎儿，甚至回归为一粒等待中的卵子。在那里，我们能够谛视到“珍珠”式的学生与“钻石”式的教师，也能够谛视到“珍珠”式的教师与“钻石”式的学生，能够谛听出对话里珍珠与钻石的欢喜相撞。如同案例中，“孙建锋＞≤许楚若”的那段现场生成的师生对话。然而，一个掉进世俗的陷阱并被世俗挤压为一张照片的灵魂，是无法轻盈起舞、与生命对话的。心与心的生命对话是“珍珠与钻石的欢喜相撞”，是上苍赐予“处女”公开课的精神之蜜，它不但需要教师有一个独立不羁、自由丰沛、毫不世俗的灵魂，还要求想象力与童真来做这灵魂的第一守夜人。

童诗·师童

每一天，每一课，每一次师生对话，都有机会打造成为宛如一首诗、一幅画、一支歌一样美好的教学生命艺术品。

——题记

【课堂实录】

一、激情导入　相机入题

师：亲爱的衡阳的同学们，大家下午好！

生：老师您好！

师：孙老师给你们带来一份礼物，想不想要？

生：想！

师：请看屏幕上的四个字，大家一起读一读！

生：（声音洪亮地）童诗·师童。

师：这四个字，从屏幕上飞到你的眼里，落到你的心里，你也许会问，什么是“童诗”？

生：儿童写的诗。

师：你的理解呢？

生：写给儿童的诗。

师：接下去！

生：儿童诗人。

师：能不能跳开这些？

生：儿童的梦。

……

师：每人都有自己的理解，这很正常。孙老师也有自己的理解，童诗是指儿童如诗。（指着PPT上的图片）如图所示：妈妈的眼里，儿童如诗一样美丽，如诗一样值得吟诵，如诗一样值得欣赏。老师何尝不是妈妈？还是给你们讲个“儿童如诗”的故事吧。

生：好啊，好啊！

师：有一天，诗人牛汉在写东西，他五岁的外孙女突然伤心地大叫：“爷爷，花灭了！”

“不对！应是‘花谢了’！不是‘花灭了’！”这时，牛汉以一个成年人的权威口气矫正外孙女。

外孙女坚定地抗议道：“花真的是灭了，花就是灯！”……

牛汉的外孙女，最有诗意的一句话是——

生：“花真的是灭了，花就是灯！”

师：好一个“花灭了，花就是灯！”童眼看花——

生：花是灯。

师：童嘴说花——

生：花灭了。

师：儿童的眼睛——

生：如诗。

师：嘴巴——

生：如诗。

师：心灵——

生：如诗。

……

师：儿童的本质是诗！在座的都是儿童，你们每个人都是一首诗！难道不是吗？

二、观看小视频　有感而发

师：我们理解了什么是“童诗”，那么，什么是“师童”呢？

生1：老师和儿童。

生2：老师喜欢的儿童。

师：这里“师”不是老师，而是“以……为老师”或者“把……当老师”。

生 3：噢，“师童”，就是“把儿童当老师”。

师：什么意思？

生 4：把儿童当老师。

师：你（生 4）就是把儿童（生 3）当作老师了，你从她（生 3）那里学会了。

（笑声）

师：以儿童为师。（播放 PPT 图片）儿童把书摆成步步高的台阶，然后拾级而上。多有创意！这种有创意的儿童，难道不应该成为成人的老师吗？

（生微笑，点头）

师：孙老师就是把你们当成我的老师！正在通过教你们而被你们教！德国有位教育家叫福禄贝尔的，他说过这样一句话，我们一起来读一读，复活他的话——

生：“孩子就是我的老师，他们纯洁天真、不做作……我就像一个诚惶诚恐的学生向他们学习。”

师：孙老师正在拜你们为师，诚惶诚恐地向你们学习！

关于拜儿童为师，有这样几句成人与儿童的对话，值得玩味——

你的桥不牢。你说
它是给鸽子走的
鸽子能飞过河去，不用桥鸽子也能飞过去
它是给没有翅膀的鸽子走的
所有的鸽子都有翅膀
没有翅膀的鸽子没有翅膀

我们现场演绎一下这段成人与儿童的对话，好不好？

师：你的桥不牢。

生：它是给鸽子走的。

师：鸽子能飞过河去，不用桥鸽子也能飞过去。

生：它是给没有翅膀的鸽子走的。

师：所有的鸽子都有翅膀。

生：没有翅膀的鸽子没有翅膀。

师：现场与这个儿童对话，我发现儿童的世界单纯美好，在这方面，儿童堪当我的老师！特别是那灵光闪烁的“没有翅膀的鸽子没有翅膀”，此句只应——

生：孩子有。

师：成人——

生：难得几回闻！

师：（把话筒递给一位学生）把“孩子”换成你的名字，把“成人”换成“孙建锋”。再说一说这句话。

生：此句只应“黄浩”有，“建锋”难得几回闻！

（笑声）

师：“没有翅膀的鸽子没有翅膀”，儿童是在用自己的脑袋思考，用自己的嘴巴说话，说率真的话，说有精神价值的话，说有神性而诗意的话。从这个角度讲，成人有什么理由不向儿童学习？

师：套用“没有翅膀的鸽子没有翅膀”，没有翅膀的鸟没有翅膀。想见一见这种鸟吗？

生：想——

师：孙老师千里迢迢来到衡阳，就是来给你们送“无翼鸟”的！

（笑声）

师：请观看小视频《无翼鸟》。

（约3分钟，生神情专注）

师：在场的每双童眼一经看过《无翼鸟》，每颗童心中便有一位“内在老师”引导你产生心灵感应，童手自然而然就会写出你最想说的那种心灵感应。请不拘一格，自写自话。

（学生习作）

（15分钟后）

三、赏析自作　师生共评

师：一个人写的东西，能经得起读，那就很好。请你们放声朗读自己的习作——这是对习作的一种自我肯定。

生：我写的是《醉在她建造的梦里》：一只无翼鸟，生下来爸爸妈妈就没有给她带来翅膀。但是，她有“飞翔”的梦。为了实现她的梦，她凭借双脚把一棵棵树木垂直钉在悬崖峭壁上，经过一天天的努力，“森林”造好了，她开始“放飞”梦想了。来到山顶，她先是助跑，然后头朝下，“飞”向万丈深渊……她从自己营造的“森林”里飞过，风从她的耳际掠过，云从她的身边飘过，梦从她的心里穿过……她激动得潸然泪下，一颗晶莹的泪珠从她的眼眶滑飞，她闭上了眼睛，她仿佛醉了，醉在她建造的梦里……

师：听了《醉在她建造的梦里》，我醉在他的文章里！

（笑声）

生：我的题目是《无翼鸟，我为你点赞》。这是一只有梦想的无翼鸟，为了实现飞的梦想，它用勤劳的双脚植树造林，它用恒心和毅力把成千上万棵大树钉在悬崖上。“飞”向谷底只是一瞬间，那一瞬间的美好足以满足一生的心愿。了不起！无翼鸟，我为你点赞！

师：我为你的习作点赞！

生：没有翅膀怕什么，可以用双脚创造翅膀！

生：无翼鸟天真可爱，就像我们这群孩子。我们也没有翅膀，也想飞翔。无翼鸟的故事告诉我们，飞翔欲望不是梦，梦不在梦里，梦在行动里！

师：闪光的语句在哪里？

生：无翼鸟的故事告诉我们，飞翔欲望不是梦，梦不在梦里，梦在行动里！

师：需要疏通的地方是——

生：“无翼鸟的故事告诉我们，飞翔欲望不是梦”，改成“飞翔的欲望不是梦”。

师：还可以改成——

生：欲望飞翔不是梦。

师：你有语言创造的灵性！

生：《人人都是无翼鸟》：每个人的心里都有一只无翼鸟，都有飞的欲望，欲望可以让人心生翅膀，随梦飞翔。

我的心里也有一只无翼鸟——飞向中央美术学院。即使我没有双手，没有双脚，甚至没有双眼，我用意念之手、之脚、之眼，也要飞向中央美院！

师：祝你好梦成真！（掌声）

……

师：我心中也有一只无翼鸟，梦想回归童年，好好地经营童年，美美地享受童年！这个梦实现了，在衡阳红色电影院里实现了，因为听了你们的习作，我的心被“童”化了，被深深地“童”化了！

师：记得作家薛涌书中有句话——（出示 PPT）

生：“列车正驶过海边一片广阔的平野，铁路两侧随风摇曳的树在车窗外飞逝而过，仿佛是一行绿色的舞女。五岁的女儿惊喜地用小手指着窗外叫起来：‘妈咪，那真是美丽，就像电影一样。那是一种破碎般的美丽！’”

师：“破碎般的美丽”，是女孩和景色直接撞击而产生的。这诗一般的语言，散发着一种不规则的原创美。孩子与生就有创造不规则原创美的语言天赋。

让我们先来玩一次“撞击”——与一个 3 分钟的小视频撞击。请欣赏小视频《鸟的故事》。

（约 3 分钟，生聚精会神观看）

师：《鸟的故事》深度撞击了你的眼球，撞击出的想必是一段段具有不规则原创美的像孩子说的话。请直抒胸臆、自由表达。

（学生在背景音乐声中舒心愉快地自由习作）

（15 分钟之后）

师：有人说，写得好，不如读得好。读是为了欣赏，为了分享。我们姑且把它分为三个步骤：一是自读自赏，二是互读互赏，三是共读共赏。先请大家自读自赏，感觉你的习作是否文通字顺？

（生自由读自己的习作）

师：再请同桌或者前后位的同学交换习作，互读互赏。互读互赏，不妨动笔批注对方习作的优点与长处，当然也可指出不足。然后，我们对话交流。

生：《鸟的故事》。这群鸟真有意思。开始是一只小鸟落在电线上，后来是一排小鸟，再后来一只超级大鸟落在他们中间，超载的电线被压弯了，小鸟顿时挤成一堆，很不舒服。大鸟一不留神，倒挂金钩。靠她最近的两只小鸟，趁机落井下石，在群鸟的助威声中，拼命啄大鸟的脚，大鸟最后支撑不住了，倒栽葱落地。没想到的是，所有的小鸟也被电线弹飞。落地后，一个个变成了赤裸裸的“肉鸟”……

同桌写得很形象、生动。例如，“倒挂金钩”“倒栽葱”用词很恰当！

师：对这篇习作，其他同学的看法是——

生：我觉得结尾好像没写完。如果能加上一句更好，譬如“争来斗去，两败俱伤！”

师：好！画龙点睛之笔！

生：《排斥》。看了《鸟的故事》，我便想到了转学走了的一位同桌。她在的时候，我们几个女生就是不愿和她一起玩。一次课间跳绳，我们正跳得欢，看见她来了，我们几个干脆不跳了，一起跑了……后来，由于家庭的原因，她妈妈改嫁了，她也随之转学了。现在想想，觉得当时排斥她，很不是滋味，多么希望她能再回来！

读了同桌的《排斥》，我觉得很真诚，能够从鸟想到人。这是我应该学习的。

师：你是在欣赏中学习，在学习中欣赏！

生：我同桌的题目是《小鸟 PK 大鸟》，题目引人入胜，让人就想知道故事的内容。

生：同桌的作文题目《光身音符》，引人入胜。他的作文内容同样欢快活泼，妙趣横生。

那一群小鸟天真可爱，就像我们这群调皮捣蛋的孩子。它们在电线上跳来跳去，就像一个个活蹦乱跳的音符。似乎所有的耳朵都在聆听它们演奏的乐曲。一只大鸟落在它们中间，电线往下掉，掉成一个“V”字形。大鸟被啄落地，一个个“音符”也成了光着身子的娃娃！但是这些光身“音符”知道害羞，羞愧自己不该当初！

……

师：同学们会欣赏，同桌写得有声有色，你们品得有滋有味！下面，请同学们共读共赏，自告奋勇读自己的习作，大家一起分享。

（一生上台）

师：请自报姓名。

生：我叫冯琛媛。世界上没有完全相同的两朵花，任何花都有属于它自己的那份美。

师：你就是班花之一！（笑声）是花终会绽放，但需要静候！静候你的绽放！

生：如果世界上有些花有缺陷，更需要用水去浇灌，用阳光去温暖，用真心去静候。

师：现场的每位老师，都是一滴水，都是一缕阳光，都是一片真情……

我们要用心感受生活的美。有圆满的美，也有破碎的美；有人工的美，也有自然的美。我们要接受一切美，包括大鸟、小鸟的美！

生：我叫王子辰。我写的是《鸟的故事》——

电线本无鸟；
群鸟来争吵。
上帝一发笑；
鸟儿落地了。
大鸟嘴啃泥；
小鸟脱光毛。

（掌声！）

师：你去过南岳的祝融峰吗？

生：是的。

师：噢……儿童诗！空灵的儿童诗啊！（笑声）能否改个题目呢？

生：上帝一发笑。

生：无题。

生：电线本无鸟。

师：你选一个吧。

生（王子辰）：电线本无鸟。

师：尊重你的选择。

谁来挑战王子辰？（三位女同学上台）

谁是大姐、二姐、三姐？自己排序。（她们自动排序）

大姐大先来——

生：这是一群多么快乐的鸟啊！看不出她们有一丝忧虑，不用上课，不用写作业，不用考试！我常常想当一只鸟，早上起来就唱歌，晚上就睡在树上，想飞到哪里就飞到哪里。每一天快乐，一生都快乐！

师：大姐渴望自由、飞翔、快乐！艺术家！二姐呢？

生：我叫段含玥。

师：好诗意的名字。

生：《心里有一条电线》：人人的心里都有一条电线，第一天会落上大鸟、小鸟，他们相互争吵，心生无限烦恼。第二天，还会落下大鸟、小鸟，直到有一天，电线断了，鸟儿不来了，人也完了……

（热烈鼓掌）

师：掌声就是认同！二姐，心理学家！三姐呢？

生：我叫谭慧！《一　V　一》。

师：读拼音，还是念外语？

（笑声）

师：题目与众不同。

生：一 = 一条电线 = 平衡，V = 小鸟 PK 大鸟 = 不平衡，一 = 一条电线 = 平衡。世界就是在“平衡—不平衡—平衡”中运动的。

师：呵！三姐，哲学家！

令我钦佩的艺术家、心理学家、哲学家请上座。（师搬来三个凳子，请大姐、二姐、三姐落座）我坐在你们的面前，甘做你们的学生，我们来张合影吧。（这时台下有老师上来抓拍镜头）

师：分享你们的习作，我倏地明白——你们的思维之花是自然绽开的！

如果我想当然地预期花开的形状和颜色，迫不及待地用手掰开花瓣，也许能领略到一时盛开的景象，那花也很快就会枯萎的！

分享你们的习作我倏地明白——法国生命现象学家米歇·昂利的金言：“创造一部作品就意味着创建一个世界！”

你们每一个同学，都通过现场习作创造了一个精神世界！

四、诗意收课　韵味无穷

师：我深深地知道——儿童绝对不是迷你版的成人，而是成人之外的另一种人。童诗，在座的每位同学如诗，充满诗性。师童，你们就是我最好的老师。

这节课，从你们身上学到的，比我能教给你们的更多！

行年渐长，红尘渐染。无限滋生的物欲与膨胀的功利，密密地封锁了我的诗性与神性。在上天眼里，我是“盲人”。迷茫之中我在找寻光明——左眼是童诗，右眼是师童。

【教学反思】

一、学生能使文本活跃起来吗？

学生是多种多样的，每个学生又都有他所属和属于他的世界。即使是同一个学生，也会因其观看文本时不同的情绪、时间和环境而变成多种多样的学生。不同学生的不同感受及其不同的观看方法，使文本具有不同的新生命运动。一如上文教例中的小视频文本《无翼鸟》与《鸟的故事》，一入学生的眼帘，就不再是某种围绕着特定意义的单一封闭单位，而是人与人之间进行对话的中介渠道，也是学生进行再创造的重要场域，成为一种隐含多种意义的空间，“红杏枝头春意闹”，学生使文本活跃起来。

二、文本能给学生带来心智增值吗？

文本《无翼鸟》与《鸟的故事》除了能够激发孩子的习作情趣，最大的启智意义就在于开蒙了孩子的生存美学。

生存美学的核心是观自在。观自在是人生过程中对自身、世界、他人和历史进行关注和观看的一种形式。通过这样一种观看形式，人们将对外界和对他人的观看，转化为对自身的观看。

因此，观自在也是一种在自身内心世界中进行反思的方式。由于由外向内的观看的转化，人们才可以实现对于自身思想进程的监控和督导。从这个意义上说，观自在就是自我进行反思和沉思的过程。

上文习作课中有孩子写道：“每个人的心里都有一只无翼鸟，都有飞的欲望，欲望可以让人心生翅膀，随梦飞翔。”这不就是孩子“从对外界和对他人的观看，转化为对自身观看”的写照？当然，也有孩子写道：“人人的心里都有一条电线，第一天会落上大鸟、小鸟，他们相互争吵，心生无限烦恼。第二天，还会落下大鸟、小鸟，直到有一天，电线断了，鸟儿不来了，人也完了……”还有孩子写道：“一 = 一条电线 = 平衡，V = 小鸟 PK 大鸟 = 不平衡，一 = 一条电线 = 平衡。世界就是在‘平衡—不平衡—平衡’中运动的。”这难道不是一种由外向内观看的转化？在这种转化的过程中，孩子的心智实现了前所未有的增值。不是吗？

三、教师能够打造教学生命的艺术品吗？

艺术只能是艺术生命自身的自我创造、自我展现和自我实现的过程。每位艺术家，首先只有真正把握自身生命的脉动频率，只有掌握自身生命内在要求之精华，才有可能创造出富有生命力的艺术作品。艺术作品最生动地表现出艺术家本人的生命特征，艺术家有什么样的生命状态和生活风格，他就会创造出什么样的艺术作品。

每一天，每一课，每一次师生对话，都有机会打造成为宛如一首诗、一幅画、一支歌一样美好的教学生命艺术品。在《童诗·师童》的习作教学课上，我真切地以自身生命和学生生命对话，虔诚地蹲下身来与孩子对话，聆听孩子们习作中智慧生长、生命拔节的天籁之音，旨在把课上到孩子的心里，植入孩子的魂里，进而创造一种养人的习作教学生命艺术品。设若，一位对生命无所感受、无所体验、无所忧虑和无所关怀的教师，还奢望创造出卓尔不群的富含生命美感的教学艺术品，岂不是痴人说梦？